영원한 평화를 위하여

영원한 평화를 위하여

─ 하나의 철학적 기획

임마누엘 칸트 **지음**

오 진 석 **옮김**

도서출판 b

| 일러두기 |

1. 이 번역은 그 저본으로 Zum ewigen Frieden. Ein philosophischer Entwurf, 베를 린 학술원판 칸트 전집 VIII권 341-386쪽과 텍스트 상 학술원판과 동일하게 편집된 펠릭스 마이너 출판사의 판본: Zum ewigen Frieden. Ein philosphischer Entwurf in: Philosophische Bibliothek Band 443, 하이너 F. 클렘메Heiner F. Klemme 편집, Hamburg 1992을 사용하였다. 위 두 판본은 모두 다 1796년 출판된 제2판에 따르고 있다.

2. 본문에서 둥근 괄호( )로 묶은 것과 한글 돋움체로 옮긴 것이나 이텔릭체의 원문, 그리고 진하게 하여 강조한 것들은 모두다 저자의 것이지만, 대괄호[ ]로 묶은 것은 옮긴이의 것이다. 그리고 이텔릭체로 써진 원문은 한글 돋움체로 표시하였고, 진하게 하여 강조한 낱말들은 원문에서는 철자 띄어쓰기로 강조 하고 있으나, 우리말에 적용하기에는 어색한 감이 있어 부득불 진하게 표시 하였다.

3. 별표(*)로 표기한 본문의 각주는 모두 다 저자의 것이며, 번호로 표기하여 미주로 단 주해는 본래 마이너 판의 편집자 클렘메의 것을 우리말로 번역하 였다.

| 차 례 |

영원한 평화를 위하여··· 7

제1절 이 절은 국가들 사이의 영원한 평화를 위한
예비조항을 담고 있다··· 9

제2절 이 절은 국가들 사이의 영원한 평화를 위한
확정조항을 담고 있다·· 21

제1추가 영원한 평화의 보장에 관하여······························· 41

제2추가 영원한 평화를 위한 비밀조항····························· 55

부록·· 59

    Ⅰ. 영원한 평화에 대한 의도에 있어서
도덕과 정치 사이의 불일치에 대하여··················· 59

    Ⅱ. 공법의 초월론적 개념에 따른
도덕과 정치의 일치에 관하여····························· 76

마이너 판 편집자의 주해·· 87
옮긴이 후기·· 99
찾아보기··· 107

영원한 평화를 위하여

한 교회뜰묘지Kirchhof가 그려져 있었던 저 홀란드 여관의 간판 위의 이 풍자적인 제목[1]이 **인간** 일반에게 해당하는지, 또는 특히 전쟁에 결코 충족될 수 없는 국가통수권자들에게 해당하는지, 아니 면 기껏 저 달콤한 꿈을 꾸는 철학자들에게만 해당하는지 어떤지는 논의해봐야 할 것이다. 그러나 현재의 저자는 다음과 같은 것을 유보 조건으로 삼는다. 즉 실천적 정치가Politiker는 이론적 정치가에 대해 대단한 자만심을 가지고 그를 학교지식인으로 깔보는 처지에 있기 때문에, 이론적 정치가가 그의 내실없는 생각들을 가지고서는 경험 의 원칙들로부터 출발할 수밖에 없는 국가에 아무런 위험도 초래하 지 않는다는 것, 그래서 **세상경험이 많은** [고위]정치인Staatsmann이 관여할 필요 없이 그 내실없는 생각들에서 사람들이 언제나 자신의 일한 개의 케겔Kegel[볼링과 유사한 놀이의 핀][2]을 한 번에 쓰러뜨리게 할 수 있으며, 이 [고위]정치인은 이론적 정치가가 역시 운에 맡긴 채 감행하여 공공에 발표한 견해들의 배후에서 국가를 위한 위험을 냄새 맡지 않는 한에서 저 이론적 정치가와 논쟁할 경우에 수미일관하게 처리해야만 한다는 것을 조건으로 삼는다;—이러한 **구제적 유보조건**Clausula salvatoria[3]을 통하여 이제 저자는 이러한 것을 이 글과 더불어 최선의 형식으로 모든 악의적인 해석에 맞서 단호히 고수하여 알고자 한다.

제1절

이 절은 국가들 사이의 영원한 평화를 위한 예비조항을 담고 있다

1. "어떠한 평화조약도 한 장래의 전쟁을 위한 소지를 비밀 유보하여 맺어진 조약으로 간주되어서는 안 된다."

왜냐하면, 그렇다면 그 조약은 당연히 한날 휴전상태(적대행위의 유예)일 뿐, **평화**가 아닐 것이며, 이 평화는 모든 적대시의 종언을 의미하고, 수식어 **영원한**이 그것에 결부되어 이미 의심스러운 하나의 중복어법Pleonasm을 지니고 있을 것이기 때문이다. 비록 현재 어쩌면 조약체결자 자신들에게는 아직 알려져 있지 않다 할지라도 장래의 전쟁에 대한 현전하는 원인들은 평화조약을 통하여 모두 다 소멸된다. 그 원인들은 또한 기록보관소의 문서들로부터 그것도 매우 예리한 통찰력의 탐색솜씨로 가려내져야 할 것이다.— 무엇보다도 장래에 생각해낼 수 있는 해묵은 요구들Prätensionen, 즉 양자가 전쟁을 계속하느라 몹시 지쳐있기 때문에 이러한 목적[전쟁]을 위하여 최초의 적절한 기회를 이용하려는 악한 의지에서 그것들의 어떠한 부분도 지금으로써는 언급하지 않을지도 모르는 요구들의 유보(**심중유보**reservatio mentalis)는 예수회결의법Jesuitenkasuistik에 속하고 통치자들의 품위에 관련된 것인데, 마치 사람들이 사태를 그 자체 있는 그대로 판정할 때 한 장관의 품위를 고려하여 그와 같은 연역들에 대해 고분고분 하는 것과 같은 것이다.—

그러나 만일 어떠한 수단을 통해서든지 권세Macht를 지속적으로 확대함에 있어서의 선전된 국가정략의 개념들에 따라 국가의 참된 명예가 정립된다면, 물론 저 판단은 학교에나 맞는 것으로 그리고 지나치게 현학적인 것으로 보일 것이다.

2. "그 자체로 존속하는 어떠한 국가(작거나 큰 것은 여기서 상관없다)도 한 다른 국가에 의해서 상속, 교환, 구매 또는 증여를 통하여 획득될 수 없어야 한다."

하나의 국가는 말하자면 (대략 지반 같은, 즉 그 위에 국가가 자신의 자리를 갖는 지반과 같은) 하나의 가진 것(지배자의 **사유재산**_patri-monium_)이 아니다. 국가는 국가 자신 외에 다른 어느 누구도 지배하고 처분할 수 없는 하나의 인간사회이다. 그러나 국가도 나무줄기처럼 자신의 뿌리를 갖고 있으며, 국가를 접붙이기처럼 어떤 다른 국가에 합병시키는 것은 하나의 도덕적 인격체Person로서 그 국가의 실존을 제거하는 것이고 그 인격체를 물건으로 만드는 것이고, 그러므로 근원적인 계약의 이념, 즉 그것 없이는 한 민족Volk에 대한 어떠한 권리도 사유될 수 없는 이념에 모순된다는 것을 말한다.* 이러한 취득방식의 편견, 말하자면 부분적으로는 힘을 소모함 없이도 가족동맹을 통하여 스스로를 매우 강력하게 만들며, 부분적으로는 또한 그러한 방식으로 영토소유를 확대하는 하나의 새로운 종류의 산업으로서 국가들도 서로 결혼할 수 있을 거라는 편견은, 즉 다른 대륙들은 그것에 관해 전혀 알지 못했기 때문에 우리 시대에 있어서 최근까지 유럽을 어떤 위험에 빠뜨렸는지는 모두가 알고 있다.— 어

● ● ●

* 하나의 세습왕국은 어떤 다른 국가에 의해 상속될 수 있는 하나의 국가가 아니라, 다스리는 그 권리가 어떤 다른 자연인physische Person에게 상속될 수 있다. 그렇다면 국가는 하나의 통치자를 얻는 것이지, 이 통치자가 그와 같은 자(즉 이미 한 다른 왕국을 소유하고 있는 자)로서 국가를 얻는 것이 아니다.

떤 비공동의 적에 대해 다른 국가에 한 국가의 부대를 고용시키는 것도 그와 같은 것으로 헤아려질 수 있다; 왜냐하면 신민들은 그때 임의에 따라 다루어질 수 있는 물건으로서 사용되고 소비되기 때문이다.

3. "상비군들(miles perpettuus)은 점차적으로 완전히 폐지되어야 한다."

왜냐하면 그 상비군들은 항상 전쟁을 위하여 무장되어 있는 준비 태세를 통하여 다른 국가들을 끊임없이 전쟁으로 위협하기 때문이다; 이 상비군은 서로서로 한계를 모르는 다량의 군비를 증강하도록 자극하고 결국 그에 따라 사용된 평화비용들을 통하여 단기간의 전쟁보다 더 부담됨으로써 이러한 짐을 덜기 위하여 이 상비군자체가 침략전쟁들의 원인이 된다; 게다가 살해하기 위하여 또는 피살되기 위하여 봉급을 받는 것은 타자(국가)의 손에 있는 한낱 기계들과 도구들로서 인간의 사용을 내포하는 것으로 보이며, 그러한 사용은 그다지 우리의 고유한 인격 속에 있는 인간성Menschheit의 권리와 합일될 수 없다는 것이 대두된다. 국[가시]민Staatsbürger이 무기를 들고 자발적이며 정기적으로 훈련을 하는 것, 즉 그것을 통하여 외부의 공격에 대해 그들 자신과 그들의 조국을 지키는 사정은 완전히 다른 것이다.── 재화의 축적으로도 마찬가지가 될 것이다. 즉 재화는, 만일 그 양을 조사하는 난점이 방해되지 않는다면, 다른 국가들에 의해 전생위협으로 산주뇌어 선제공격을 하게 할 것이다. (왜냐하면 세 가지 힘들, 즉 **군사력, 동맹력** 그리고 **금권력**Geldmacht 중에서 마지막의 것이 아마도 가장 확실한 전쟁도구일 것이기 때문이다.)

4. "대외 국가분쟁Staatshändel과 관련하여 어떠한 국가부채도 만들어져서는 안 된다."

나라경제(도로개선, 새로운 이주지, 염려되는 흉년을 위한 저장고 마련 등등)를 위하여 국가의 외부 또는 내부에서 원조를 구하는데, 이러한 도움의 원천은 혐의가 없다. 그러나 서로에 대해 반작용하는 힘들의 기계로서 신용체계, 즉 예측할 수 없이 커져가는 부채들 그리고 그럼에도 언제나 현재의 청구에 대하여 (왜냐하면 그 청구는 그렇다고 모든 채권자들에 의해 한꺼번에 발생되지 않기 때문에) 보장된 부채들의 신용체계 — 금세기에 있어서 상업에 종사하는 한 민족[4]의 재치 있는 고안 — 는 하나의 위험한 금권력, 즉 전쟁을 유발하는 재화이며, 그 재화는 모든 다른 국가들의 재화들을 합해서 능가하고, 단지 한번 당면하는 수수료의 결손Ausfall der Taxen을 통해서 (그렇지만 그 수수료의 결손은 또한 산업과 생업에의 소급효과에 의한 교역의 활성화를 통하여서 한동안 지연되기도 한다.) 소진될 수 있다. 그러므로 전쟁을 일으키는 이러한 수월함은 인간 본성에 뿌리박고 있는 것처럼 보이는 집권자들Machthabenden의 전쟁에 대한 경향성Neigung과 함께 영원한 평화의 한 커다란 장애물이며, 그렇지만 결국 피할 수 없는 국가도산이 많은 다른 국가들을 무고하게 손해에 함께 휩쓸려 들게 할 수밖에 없기 때문에 이 장애물을 금지하는 만큼 평화의 예비조항이 더 많아야만 할 것이며, 그 장애물은 다른 국가들에 대한 공공적인 침해일 것이다. 따라서 적어도 다른 국가들은 하나의 그러한 국가도산과 그 월권들에 맞서 동맹하는 것이 당연하다.

5. "어떠한 국가도 한 다른 국가의 헌정체제Verfassung와 통치 Regierung에 폭력적으로 간섭해서는 안 된다."

그렇다면 무엇이 그 국가에 그러할 권리를 줄 수 있는가? 혹시 그 국가가 한 다른 국가의 신민들에게 주는 스캔들[공공의 분노를 일으키는 사건]같은 것인가? 그것[스캔들]을 이 다른 국가는 오히려 한 민족[5]이 자신의 무법칙성[무정부상태]Gesetzlosigkeit을 통하여 초래한 거대한 해악의 사례를 통하여 경고로 이용할 수 있다; 그리고 일반적으로 한 자유로운 인격이 다른 인격에게 보여주는 나쁜 사례는 (**수용된 스캔들**scandalum acceptum로서) 그 다른 인격에 대한 침해가 아니다.— 만일 한 국가가 내부의 분열을 통하여 두 부분으로, 즉 그 두 부분 각각이 그 자체로 전체를 요구하는 하나의 특별한 국가를 염두에 두는 두 부분으로 갈라졌다면, 사정은 물론 그렇게 될 수 없을 것이다; 여기서 어느 한 국가의 편을 드는 것이 한 대외 국가에게는 다른 국가의 헌정체제에 간섭하는 것으로 간주될 수 없을 것이다(왜냐하면 그때 그 국가는 무정부상태Anarchie이기 때문이다). 그러나 이러한 내적인 분쟁이 아직 해결되어 있지 않은 한에서 외부 권세들의 이러한 간섭은 단지 자신의 내적인 질병과 싸우는,

다른 어떤 민족에도 종속되지 않은 민족의 권리들을 손상시키는 것이며, 따라서 하나의 주어진 스캔들일 것이고 모든 국가들의 자율을 보장하지 못하게 할 것이다.

6. "어떠한 국가도 다른 국가와의 전쟁에서 장래의 평화 속에서의 상호간의 신뢰를 불가능하게 할 수밖에 없는 다음과 같은 적대행위들을 허용해서는 안 된다: 그런 행위들로서 **암살자**(*percussores*), **독살자**(*venefici*)의 고용, **항복조약의 파기**, 전쟁 중인 국가에서의 **반역**(*perduellio*)**의 모의** 등등이 있다."

　그것은 파렴치한 책략들이다. 그렇다면 적의 사고방식에 대한 그 어떤 신뢰가 전쟁의 한가운데에서도 남아 있어야만 한다. 왜냐하면 그렇지 않을 경우 어떠한 평화도 체결될 수 없을 것이고, 그러한 적대행위는 하나의 섬멸전쟁(*bellum internecinum*)으로 발전될 것이기 때문이다; 그렇지만 전쟁은 폭력을 통하여 자신의 권리를 주장하는 자연 상태(여기에는 최종적으로 판단할 수 있을 법정이 없다)에서의 비참한 비상수단일 뿐이기 때문이다; 여기서 양자들 중 어느 누구도 부당한 적으로 밝혀질 수 있는 것이 아니라 (왜냐하면 그것은 이미 하나의 판결을 전제하기 때문에), 전쟁의 **기울음**이 (소위 신의 심판 앞에서처럼) 누구의 편에 권리가 있는지를 결정한다; 그러나 국가들 사이에 징벌전쟁(*bellum punitivum*)은 생각될 수 없다(왜냐하면 그들에겐 상관과 부하의 관계가 성립되지 않기 때문이다).── 그렇다면 그로부터 다음의 것이 뒤따른다: 말살이 양자에 동시에 해당할 수 있고, 이 말살과 함께 또한 모든 권리를 행사할 수 있는 곳인 섬멸전쟁은 영원한 평화를 단지 인간류Menschengattung의 거대한 교회뜰묘지에서 이룰 수 있을 것이다. 그러므로 그러한 전쟁은, 따라서 그런 전쟁에로 이끄는 수단의 사용까지도 단적으로 불허되어야만 한다.— 그러나 언급된 수단이 불가피하게 전쟁에로 이끈다는 것은 다음의 것으로부터 밝혀진다: (지금은 한 번에 근절될 수 없는) **다른** 국가의 파렴치함만이 이용되는 간첩의 사용(*uti exploratoribus*)과 같은 저 악마 같은 기술들은 그것들이 사용된다면 그 자체로 비열하기 때문에 전쟁의 한계 내에서만 유지되는 것이 아니라, 또한 평화 상태에로도 넘어가고 그렇게 그 평화 상태의 의도를 완전히 없앨 것이다.

* * *

비록 열거된 법칙들[조항들]이 객관적으로, 즉 집권자들의 견지에서 단지 **금지법칙들**(*leges prohibitivae*)일 뿐이라 할지라도, **엄격한**, 즉 상황의 구별 없이 타당한 종류의 몇몇 법칙들(*leges strictae*)이 있으며, 그 법칙들은 **즉시** 폐지를 촉구한다 (1, 5, 6번 조항 같은 법칙들); 그러나 다른 법칙들(2, 3, 4번 조항 같은 법칙들)은 물론 권리규칙 Rechtsregel에 대한 예외로서는 아니지만, 그 규칙의 행사를 고려하여, 즉 상황을 통하여 **주관적**으로는 권한에 대해서 확장적인 법칙들(*leges latae*)이고 실행을 **유예하는** 허가들을 포함한다. 그렇지만 이러한 유예를, 예를 들어 어떤 국가들에서 2번 조항에 따라 빼앗은 자유의 **상환**의 유예를 무기한 (마치 아우구스투스가 늘 약속하곤 했던 것처럼 **그리스의 삭일**朔日**까지**_ad calendas graecas_)[6] 내버려두지 않게 하는, 따라서 상환하지 않는 것이 아니라 상환이 너무 서둘러서 이루어지지 않고, 그렇게 의도자체에 반하여 이루어지도록 하기 위하여 단지 지연을 허용하는 목적을 놓치지 않으면서 말이다. 그렇다면 금지는 여기서 단지 더 이상 타당하지 않을 **획득방식**에만 해당하며, 그러나 비록 요구되는 법적청구권Rechtstitel을 갖고 있지 않다 할지라도 그 국가의 (추정적인 획득의) 시기에 당시 공공의 견해들에 따라 모든 국가들로부터 합법적이라고 간주되었던 **소유상태**에는 해당하지 않는다.*

● ● ●

* 명령Gebot(_leges praeceptivae_)과 금지Verbot(_leges prohibitivae_) 외에도 순수이성의 **허가법칙들**(_leges permissivae_)이 있을 수 있는지는 지금까지 아무런 근거도 없이 의심되지 않았다. 왜냐하면 법칙들 일반은 객관적이며 실천적인 필연성의 근거를 포함하지만, 허가는 어떤 행위들의 실천적 우연성의 근거를 포함하기 때문이다. 따라서 **허가법칙**은 누군가가 강요당하지 않을 수 있기 위하여 한 행위에 대한 강요를 포함하며, 그것은 만일 법칙의 객체가 두 가지의 관계 속에서 한 가지의 의미를 갖는다면 모순이 된다는 것을 말한다.— 그러나 이제 여기 허가법칙에서 전제된 금지는 단지 한 권리의 장래의 획득방식(예를 들어 상속을 통한 획득방식)에만 해당하며, 이러한 금지로부터의 벗어남, 즉 허가는 현재의 소유상태에 해당한다. 그 소유상태는 자연상태로부터 시민상태로의 이행 속에서, 비록 비합법적이라 할지라도 자연법 Naturrecht의 허가법칙에 따라서 하나의 **진정한 소유**(_possesio putativa_)로서 계속해서 지속할 수 있는 상태를 말한다; 비록 한 추정상의 소유가 그것이 그러한 것으로 알려지자마자 자연 상태에서 금지되어 있고, 마찬가지로 하나의 유사한 획득방식이 나중의 시민상태에서 (발생한 위반에 따라) 금지되어 있음에도 불구하고, 만일 하나의 그러한 추정적인 획득이 시민상태에서 발생했다면, 그러한 지속적인 소유의 권한은 발생하지 않을 것이다; 왜냐하면 여기서 그 소유의 권한은, 침해로서, 그 소유의 비합법성이 발견된 후 즉시 중지될 수밖에 없을 것이기 때문이다.

　　이로써 나는 단지 부수적으로 자연법의 교사들을 체계적—구분하는 이성에 저절로

••••

나타나는 **허가법칙**_lex permissiva_의 개념에 대해 환기시키고자 하였다. 왜냐하면 무엇보다도 (규범적인) 민법Zivilgesetz에서 자주 그것에 관해 사용되기 때문이며, 단지 금지법칙이 그 자체 단독적으로 있는 것과 달리, 허가는 그러나 (그것이 어떠해야 하는지와 같은) 제한적인 조건으로서 저 법칙[금지법칙]에 함께 집어넣어지는 것이 아니라 예외들 하에 던져지기 때문이다.── 지금 그것은 여기서 다음을 일컫는다: 이것 또는 저것이 금지 된다. **그렇다면 그것은** 1번, 2번, 3번, 그리고 그렇게 계속해서 개관할 수 없이 **된다**. 왜냐하면 허가들은 단지 우연적인 방식으로만 하나의 원리에 따라서가 아니라 여기저기 찾아 헤매는 것을 통하여 나타나는 경우들 하에서 법칙으로 추가되기 때문이다. 왜냐하면 그렇지 않다면 그 조건들은 **금지법칙의 정식에로** 함께 집어넣어질 수밖에 없으며, 그렇다면 그것을 통하여 금지법칙은 동시에 허가법칙이 될 것이기 때문이다.── 그래서 명민하고 현명한 빈디쉬그래츠 백작Grafen von Windischgrätz[7]의 의미 있는, 그러나 해결되지 않은 채 남아 있는, 곧바로 최종적인 것을 촉구한 현상과제가 그렇게 빨리 내버려진 것은 유감스럽다. 왜냐하면 그러한 (수학적으로 유사한) 정식의 가능성은 수미일관해야 하는 입법에 대한 유일하게 진정한 시금석이며, 그것 없이 소위 **확실한 법**_ius certum_은 언제나 하나의 신앙심 깊은 소망에 머물러 있을 것이기 때문이다.── 그렇지 않고서 사람들은 한낱 **일반적인**generale 법칙들(**일반에** 있어서im allgemeinen 타당한 법칙들)만을 가지며, 그러나 한 법칙의 개념이 요구하는 것으로 보이는 것과 같은 보편적인universale 법칙들(**보편적으로** allgemein 타당한 법칙들)을 갖지 않는다.

제2절

이 절은 국가들 사이의 영원한 평화를 위한
확정조항을 담고 있다

바로 옆에 사는 사람들 간의 평화 상태는 자연 상태(*status natu-ralis*)가 아니다. 자연 상태는 오히려 전쟁의 상태이다. 즉 그것이 비록 항상 적대행위들의 발생은 아니라 할지라도 그러한 적대행위들을 통한 지속적인 위협이다. 그러므로 평화 상태가 **수립**되어야만 한다; 왜냐하면 후자[적대행위들을 통한 위협]의 중지는 아직 평화 상태를 위한 보장이 아니고, 그 보장이 한 이웃에게서 다른 이웃에 의해 실행되지 않고서는 (그러나 이것은 단지 **법칙적인**gesetzlichen 상태에서만 발생할 수 있다.) 그러한 보장을 요청한 저 이웃이 그 보장을 요청받은 이 다른 이웃을 하나의 적으로 다룰 수 있기 때문이다.*

• • •

* 사람들은 어느 누구에 대해서도 그가 나에게 이미 실행적으로 **손해를 입혔을** 때조차도 적대적으로 대해서는 안 된다고 보통 상정한다. 그리고 그것은 양자가 **시민적-법칙적인**bürgerlich-gesetzlichen 상태에 있을 때에도 전적으로 옳다. 왜냐하면 이 사람이 그러한[시민적-법칙적인] 상태에 들어가 있다는 것을 통하여 그는 저 사람에게 (양자에 대해 [공]권력Gewalt을 가진 당국에 의해서) 요구될 수 있는 보장을 수행하기 때문이다.— 그러나 한낱 자연 상태에 있는 인간(또는 민족)은 그가 내 옆에 있음으로써, 즉 실제로 행하지(*facto*) 않는다 할지라도 그의 상태의 무법칙성(*statu iniusto*)을 통하여 나에게서 이러한 보장을 빼앗고 바로 이러한 상태를 통하여 나에게 이미 손해를 입히며, 그것[그의 상태의 무법칙성]을 통하여 나는 끊임없이 그로부터 위협받는다. 그리고 나는 그에게 나와 함께 하나의 공동체적-법적인 상태에 들어가는 것이나 나의 이웃관계에서 물러날 것을 강요할 수 있다.— 그러므로 그 요청Postulat, 즉 다음의 모든 조항들에 근거로 놓여 있는 것은 다음과 같다. 서로에 대해 상호적으로 영향을 미칠 수 있는 모든 인간은 그 어떤 시민적인 헌정체제에 속해야만 한다.

그러나 모든 법적인rechtliche 헌정체제는 그 안에 있는 인격들에 해당하는 것인바,

1. 한 민족 안에 있는 **국[가시]민법**Staatsbürgerrecht에 따르는 헌정체제 (*ius civitatis*),

2. 서로에 대해 관계 맺고 있는 국가들의 **국제법**Völkerrecht에 따르는 헌정체제 (*ius gentium*),

3. 인가들과 국가들이 대외적으로 서로에 대해 영향을 미치는 관계 속에 있으면서 하나의 보편적인 인간국가의 시민으로 간주되는 한에서 **세계시민법**Weltbürgerrecht

제1확정조항, 영원한 평화를 위한.

각 국가에서의 시민적 헌정체제는 공화적이어야 한다.

첫째로 (인간으로서) 한 사회의 구성원의 **자유**의 원리들에 따라; 둘째로 (신민으로서) 하나의 유일한 공동의 입법에 대한 [구성원] 모두의 **의존**의 원칙들에 따라, 그리고 셋째로 (국[가시]민으로서) 그들[구성원들]의 **평등**의 법칙에 따라 수립된 헌정체제,— 즉 한 민족의 모든 법적인rechtliche 입법이 근거하고 있어야만 하는 근원적인 계약의 이념으로부터 기인하는 유일한 헌정체제는 **공화적인** 헌정체제이다.* 그러므로 이러한 공화적 헌정체제는, 법에 관련하

• • •

에 따르는 헌정체제(ius cosmopoliticum)이다. 이러한 분류는 자의적이지 않고 필연적으로 영원한 평화의 이념에 관계하고 있다. 왜냐하면 만일 이것들 중 하나만이라도 다른 것에 대해 물리적인 영향의 관계 속에 있으면서 자연 상태에 있다면, 바로 여기서 해방되려 의도하고 있는 전쟁의 상태가 그것[자연 상태]과 결합되어 있을 것이기 때문이다.

* **법적인**rechtliche (따라서 외적인) **자유**는 사람들이 흔히 행하곤 하는 것처럼 권한을 통하여 정의될 수 없다. "사람들이 다만 어느 한 사람에게도 부당하게 행하지 않는다면, 그들이 원하는 모든 것을 행할 수 있다." 그렇다면 무엇을 **권한**이라고 하는가? 행위의 가능성, 즉 사람들이 그것을 통하여 어느 누구에게도 부당하게 행하지 않는 한에서의 그러한 행위의 가능성. 그러므로 설명은 다음과 같을 것이다. "자유는 행위들의 가능성, 즉 그것을 통하여 사람들이 어느 누구에게도 부당하게 행하지 않는 행위들의 가능성이다. 사람들이 다만 어느 한 사람에게도 부당하게 행하지 않는다면, 그들은 어느 누구에게도 부당하게 행하지 않는다 (사람들이 비록 자신이 원하는 것을 행한다 할지라도 말이다)": 결국 그것은 공허한 동어반복이다.—오히려 나의 외적인 (법적인) **자유**는 다음과 같이 설명될 수 있다. 그 자유는 내가 찬성할 수 있었던 법칙들 외에는 어떠한 외적인 법칙들에도 따르지 않는 권한이다.—마찬가지로 한 국가 안에서의 외적인 (법적인) **평등**은 다음과 같은 국[가시]민들의 관계이다. 즉 그 관계에 따르면 어느 누구도 그 자신이 동시에 법칙에 복종하지 않고서는 타자를 법적으로 구속할 수 없으며, 그 법칙에 의해 상호 동일한 방식으로 또한 구속될 **수 있다.** (**법적인** 의존의 원리에 관하

여 말하자면, 그 자체 근원적으로 모든 종류의 시민적 구성[입헌]bür-
gerlichen Konstitution에 근거로 놓여 있는 것이다; 그리고 이제 다음

• • •

여서는 이것이 이미 한 국가헌정체제Staatsverfassung 일반의 개념 안에 놓여 있기
때문에 설명을 필요로 하지 않는다.)— 이러한 타고난, 즉 인간성Menschheit에 필연
적으로 속하는, 그리고 양도할 수 없는 권리들의 타당성은 인간 자신의 보다 더
높은 존재들(그가 스스로 그러한 존재들을 생각한다면)에 대한 관계들의 원리를
통하여 확인되고, 그가 또한 스스로를 바로 그러한 원칙들에 따라 초감성적인 세계
의 국[가시]민으로서 표상함으로써 검증된다.— 그래서 나의 자유에 관하여 말하자
면, 나는 신적인 법칙들, 즉 내 스스로 순전히 이성을 통하여 인식할 수 있는 법칙들
과 관련하여서조차도 단지 내가 그 법칙들에 대해 스스로 찬동할 수 있었던 경우
외에는 어떠한 구속성도 갖지 않는다(왜냐하면 내 자신의 이성의 자유법칙을 통하
여 나는 나에게 비로소 신적인 의지의 한 개념을 만들기 때문이다). 신 외에 내가
나에게 떠올리고자 하는 가장 숭고한 세계존재(하나의 위대한 **애온**Äon)와 같은 것과
평등의 원리에 관해서 말하자면, 내가 나의 지위에서 나의 의무를 저 애온이 그것[의
무]을 자신의 지위에서 행하듯이 행할 때, 왜 나에게는 순전히 그 의무를 따르는
것이 부속하는 반면에, 저 애온에게는 명령할 권리가 부속하는지에 대한 이유가
여기[평등의 원리]엔 없다.— 이러한 **평등**의 원리가 (자유의 원리와 마찬가지로)
신과의 관계에도 맞지 않는 것에 대한 이유가 이것이다. 왜냐하면 이러한 존재는
그 자신에게서는 의무개념이 폐지되는 유일한 존재이기 때문이다.

그러나 신민으로서 모든 국[가시]민의 평등에 관해서 말하자면, **세습귀족**의 허용
가능성에 관한 물음에 대해 답변함에 있어서는 다음과 같은 문제가 관건이다: "국가
로부터 승인된 (한 신민이 다른 신민에 앞서는) 서열[신분]은 **공적**에 선행해야만
하는가 아니면 공적이 서열에 선행해야만 하는가."— 이제 다음의 사실이 명백하
다: 만일 서열이 출생과 결합된다면, 공적 (공직의 숙련성과 충성) 또한 뒤따를 것인
지는 전적으로 불확실하다. 따라서 그것은 바로 그러한 한에서 서열이 어떠한 공적
도 없이 우대받은 자에게 승인된 것(명령권자인 것)처럼 보인다는 것이다. 그러한
것을 (모든 법들의 원리인) 하나의 근원적인 계약 속에서의 보편적인 인민의지
Volkswille는 결코 체결하지 않을 것이다. 왜냐하면 한 귀족은 그러한 이유로 인해
곧바로 하나의 **고귀한** 사람이 아니기 때문이다.— (사람들이 한 고위관료의 서열[신
분]이라고 부를 수 있고, 그 서열을 사람들이 공적을 통하여 획득해야만 하는) **공직
귀족**에 관해서는, 여기서 그 서열이 자기소유물로서 인격에 붙는 것이 아니라 직책
에 붙는 것이고, 그것을 통하여 평등은 손상되지 않는다. 왜냐하면 저 사람이 그의
공직을 내려놓게 되면, 그는 동·시에 그 서열을 벗는 것이고 인민으로 되돌아가기
때문이다.—

과 같은 물음만이 있다: 그 헌정체제는 또한 영원한 평화에로 이끌 수 있는 유일한 헌정체제인가?

그러나 이제 공화적 헌정체제는 법 개념의 순수한 원천으로부터 생겨난 그 근원의 순수성 외에도 원하는 귀결, 즉 영원한 평화에 대한 전망을 갖는다; 그에 대한 근거는 이렇다.—(이러한 헌정체제에서는 달리 어쩔 수 없듯이) "전쟁을 해야 할지 말아야 할지"를 결정하기 위하여 국[가시]민의 찬성이 요구된다면, 그들은 자기 자신에 대한 전쟁의 모든 고난을 결심해야만 할 것이기 때문에 (그들이 거기에 있을 때: 스스로 전투를 해야 하며; 전쟁비용을 그들 자신의 가진 것으로부터 지출해야 하며; 전쟁이 남기는 황폐화를 애써 복구 개선해야 하며; 막대한 악행에 대해서 결국은 평화마저도 씁쓸하게 하는, [점점 다가오는, 언제나 새로 시작하는 전쟁 때문에: 원문 편집자 추가] 결코 상환될 수 없는 또 하나의 채무부담까지도 떠맡아야 한다), 그들이 그렇게 나쁜 놀이를 시작하는 것에 대해 매우 망설이는 것처럼 자연스러운 것은 없다: 그에 반하여 그러한 것은 신민이 국[가시]민이 아닌, 따라서 공화적이지 않은 한 헌정체제에서는 세상에서 가장 망설일 필요 없는 일이다. 왜냐하면 통수권자는 국가구성원이 아니라 국가소유자이며, 전쟁을 통하여 그의 식탁들, 사냥터들, 별장들, 궁정연회들과 같은 것에서 최소한의 것도 훼방 받지 않으며, 따라서 일종의 유희처럼 이러한 전쟁을 대수롭지 않은 이유로 인해 결정할 수 있고 격식 때문에 그것을 위해 항상 마련된 외교부처에 그 전쟁의 정당화를 무덤덤하게 떠넘길 수 있기 때문이다.

* * *

    사람들이 공화적 헌정체제를 (보통 일어나는 것처럼) 민주적 헌정체제와 혼동하지 않기 위하여 다음의 것이 유의되어야만 한다. 한 국가(*civitas*)의 형식들은 최고 국가권력Staatsgewalt을 소유하고 있는 인격체들의 구별에 따라서 분류되거나, 또는 통수권자가 누구이든 간에 그를 통한 인민Volk의 **통치방식**Regierungsart에 따라 분류 된다; 첫 번째 형식은 본래 지배의 형식(*forma imperii*)이라 불리고, 그것은 다음과 같은 세 가지 형식만이 가능하다. 즉 단 **한 사람**만이, 또는 **몇몇 사람들**이 서로 연합하여, 또는 시민사회를 형성하는 **모든 사람들**이 함께 지배 권력을 소유한다(군주정체Autokratie, 귀족정체Aristokratie 그리고 민주정체Demokratie, 제후[군주]권력 Fürstengewalt, 귀족권력 그리고 인민권력). 두 번째 형식은 통치의 형식(*forma regiminis*)이고 구성[입헌]Konstitution(그것을 통하여 다수가 하나의 민족Volk이 되는 보편적 의지의 행위)에 근거지어진 방식, 즉 국가가 자신의 권세의 완전성Machtvollkommenheit에 의해 사용하는 것과 같은 방식이다. 그리고 이러한 연관 속에서 그 형식은 **공화적**이거나 **전제적**이다. **공화주의**는 입법 권력으로부터 집행권력 (통치[정부]Regierung)을 분리하는 국가원리이다; 전제주의Despotism 는 국가가 스스로 정한 법칙들에 대해 국가 자신이 고유 권한적으로 실행하는 국가원리이며, 따라서 공공의 의지이다. 즉 그 의지가 통치자에 의해 그의 사적의지로서 취급되는 한에서 말이다.── 세 가지 국가형식들 중에서 **민주정체**의 형식은 그 낱말의 본래적인 이해에 있어서 필연적으로 **전제주의**이다. 왜냐하면 그 형식은 모두가 (그러니까 찬성하지 않는) 한 사람에 대하여 그리고 모든 경우에 있어서도 그 한 사람에 거슬러서 결정함으로써, 따라서 결국 모두가 아닌 모두가 결정함으로써 하나의 집행권력을 근거 짓기 때문이다; 이것은 보편적 의지의 자기 자신과의 그리고 자유와의 모순이다. 즉 **대의적** repräsentativ이지 않은 모든 통치형식은 본래적으로 하나의 **몰형식** Unform이다. 왜냐하면 입법자가 하나의 동일한 인격 속에서 동시에 자신의 의지를 실행하는 자(마치 한 이성추론에서 상위명제의 보편자가 동시에 하위명제에서 저것[보편자] 아래에 특수자를 포섭하는 것처럼 희한한 일)일 수 있기 때문이다; 그리고 다른 두 가지 국가헌정체제들은 그것들이 그러한 [대의적이지 않은] 통치방식에 공간을 내주는 한에서 언제나 결함이 있다 할지라도, 마치 프리드리히 2세가 적어도 자신은 한낱 국가의 최상의 하인이다*[8]라고 **말했었던** 것처럼 그러한 국가헌정체제들이 대의적인 체계의 **정신**에 따라 통치방식을 받아들이는 것은 적어도 가능하다. 그에 반하여 민주적 국가헌정체제는 그것을 불가능하게 한다. 왜냐하면 모두가 그 자리에서 주인이고자 하기 때문이다.── 그래서 사람들은 말한다: 국가권력의 인원(지배자의 수)이 적으면 적을수록, 반대로 국가권력의 대

* 사람들은 한 지배자에게 자주 붙여지게 되는 높은 호칭들(신의 기름부음 받은 자, 지상에서의 신적의지의 대행자 그리고 신적의지의 대리인)을 조야하며, 어지럽게 하는 아첨들이라고 종종 비난하였다. 그러나 나에겐 근거 없는 것이라고 여겨진다. ── 군주가 지성을 갖고 있고 (사람들은 이것을 전제해야만 한다) 그가 한 인간에게 있어서 너무나도 위대한 일, 즉 신이 지상에 부여하는 가장 성스러운 일, 즉 **인간의 권리**를 관장하고 이러한 신의 안구 그 어딘가에 너무도 가까이 다가서 있는 한 공직을 넘겨받고서는 항상 염려해야만 한다는 것을 고려한다면, 그 호칭들이 군주를 교만하게 만들기보다는 오히려 그의 영혼에서 그를 겸허하게 할 수밖에 없다.

의성이 커지면 커질수록 국가헌정체제는 공화주의의 가능성에 더 많이 일치하고, 그 국가헌정체제는 결국 점차적인 개혁을 통하여 그러한 공화주의가 되는 것을 희망할 수 있다. 이러한 이유에서 그것 [공화주의가 되는 것]은 왕정체제Monarchie에서보다 귀족정체에서 훨씬 더 어려우며, 그러나 민주정체에서는 폭력적인 혁명을 통하여 이러한 유일하게 완전한 법적인 헌정체제에 도달하는 것 외에는 달리 불가능하다. 그러나 인민에게는 비교할 수 없이 국가형식보다는 통치방식*이 더 중요하다(저 목적에 대한 통치방식의 다소간의 적합성이 역시 이러한 국가형식에 매우 많이 달려있는 것처럼 말이다). 그러나 만일 국가형식이 법 개념에 따라야만 한다면, 대의적 체계는 통치방식에 속하며, 그 대의적 체계 속에서만 공화적 통치방식이 가능하며, 그러한 체계 없는 통치방식은 (그 헌정체제가 어떤 것이든 간에) 전제적이고 폭력적이다.── 고대의 소위 공화국들[12] 중 어느 하나도 이러한 것을 알지 못했고, 또한 그것을 넘어 불가피하게

• • •

* 말레 뒤 팡Mallet du Pan[9]은 그의 천재적으로 들리는, 그러나 공허하고 내용 없는 말로 다음과 같이 칭찬한다: 다년간의 경험 후에 결국 포프Pope의 유명한 격언의 진리에 대해 확신하게 되었다: "최선의 통치에 대해서는 광대들에게 논쟁하도록 내버려 두자. 최선으로 수행된 통치가 최선의 통치이다." 만일 그것이 다음과 같이 말하는 것이라면: 가장 잘 수행된 통치가 가장 잘 수행된 것이라고 한다면, 스위프트Swift의 표현[10]에 따라 그는 그에게 애벌레를 상으로 주는 하나의 호두를 깨물었다. 그러나 그것이 통치는 또한 최선의 통치방식, 즉 국가헌정체제이기도 하다는 것을 의미한다면, 그것은 근본적으로 오류이다. 왜냐하면 좋은 통치들에 대한 범례들은 통치방식에 대해서 아무것도 증명하지 않기 때문이다.── 어느 누가 티투스Titus와 마르쿠스 아우렐리우스Marcus Aurelius보다 더 잘 통치했겠는가, 그렇지만 전자는 도미티안Domitian을, 후자는 코모두스Commodus를 후계자로 남겼다.[11] 그러한 일은 하나의 좋은 국가헌정체제에서는 일어날 수 없을 것이다. 왜냐하면 이러한 지위에 대한 그들의 무석석성이 충분히 일찍이 알려져 있었고, 그들을 배제하기 위한 지배자의 권세도 충분했기 때문이다.

그 공화국들은 유일한 한 사람의 최고권력 하에 있으면서도 모든 것들 중에서 가장 견뎌낼 만한 것인 전제주의 속으로 해소될 수밖에 없었다.

제2확정조항, 영원한 평화를 위한.
국제법은 자유로운 국가들의 **연방주의**Föderalism에 근거 지어져 있어야 한다.

국가들로서 민족들은 개별적인 인간들, 즉 그들의 자연 상태 속에서 (즉 외적 법칙들과는 무관하게) 이미 그들의 이웃하여 있음을 통하여 손해를 끼치고, 그들 각각은 자신의 안전을 위하여 타자에 대해 그 자신과 함께 시민적 헌정체제에 유사한, 즉 각자에게 자신의 권리가 보장될 수 있는 헌정체제에 들어올 것을 요구할 수 있고, 요구해야 하는 개별적 인간들처럼 판정될 수 있다. 이러한 것은 하나의 **국제연맹**Völkerbund일 것이다. 그러나 그것은 그렇다고 **국제국가** Völkerstaat일 필요는 없다. 그러나 그 안에 하나의 모순이 있을 것이다: 왜냐하면 각 국가는 한 **상급자**(입법하는 자)의 한 **하급자**(복종하는 자, 즉 인민)에 대한 관계를 포함하지만, 다수의 민족들은 하나의 국가에서 단지 하나의 인민을 형성할 것이기 때문이다. 이것은 (여기서 우리가 민족들이 그 수만큼 상이한 국가를 형성하고 하나의 국가 속에 함께 녹아들지 않는 한에서 **민족들**의 법[권리]을 서로에 대해 검토해야만 하기 때문에) 전제와 모순된다.
이제 우리가 하나의 법칙적인 강제, 즉 그 민족들 스스로 구성[입헌]할 수 있는 강제들 하에 스스로를 복종시키기보다는, 따라서 이성적인 강제들의 멋진 자유를 선호하기보다는 끊임없이 싸우기를 더 좋아하는 야만인의 그 무법칙적 자유에 대한 의존을 심한 경멸로 바라보면서 인간성의 야만성[날것]Rohigkeit, 다듬어지지 않음, 그리고 짐승 같은 몰 품격으로 간주하는 것과 같은 것을 사람들이 생각해 본다면 교화된gesittete 민족들(각각의 민족은 그 자체로 하나의 국가로 통일되어 있다)은 하나의 그렇게 내버려진 상태로부터 할 수 있으면 보다 더 빨리 헤어 나오기 위하여 서두를 수밖에 없을 것이다. 그러나 그 대신에 오히려 각 **국가**는 바로 그 자신의 위엄Majestät(민족의 위엄은 하나의 불합리한 표현이기 때문에)을 전혀 어떠한 외적인 법칙적 강제에도 굴복될 수 없다는 점에 두고, 그 국가의 통수권자의 영광은 그가 바로 자기 자신은 위험에 빠트리지 않으면서도 그에게는 수천 명이 명령을 위하여 서 있으며, 그들 자신과는 아무런 관계도 없는 일을 위하여 그들 자신을 희생 시킨다*는 점에 있으며, 그리고 아메리카의 야만인들과 유럽의 야만인들의 차이가 주로 아메리카 야만인들의 많은 부족들이 전적으로 그들의 적들에 의해 잡아먹혀 버렸지만, 유럽의 야만인들은 그들의 피정복자들을 잡아먹기보다는 더 낫게 이용할 줄을 알고, 오히려 그들의 신민의 수를, 따라서 더 확산된 전쟁을 위한 도구들의 양도 그들을 통하여 증가시킬 줄 안다는 점에 있다.

민족들의 자유로운 관계 속에서 숨김없이 보여지는 인간본성의

• • •

* 한 불가리아 제후[13]는 그리스 황제가 선한 마음으로 그 제후와의 싸움을 두 사람의 결투를 통하여 해결하고자 할 때에 다음과 같이 대답하였다. "집게를 가진 대장장이는 이글거리는 쇳덩어리를 숯불에서 그의 손으로 꺼내지 않을 것이다."

사악함Bösartigkeit에 있어서 (반면에 이런 사악함은 시민적-법칙적 상태에서는 통치[정부]의 강제를 통하여 상당히 감춰진다) **법[권리]**이라는 낱말이 현학적인 것으로서 전쟁정책으로부터 아직까지는 완전히 추방될 수 없었다는 것, 그리고 어떠한 국가도 대담하게 이러한 견해를 공적으로 선언하지 않았다는 것은 매우 놀랄만한 일이다; 왜냐하면 여전히 **후고 그로티우스**Hugo Grotius, **푸펜도르프**Pufendorf, **바텔**Vattel[14] 그리고 그 밖의 사람들(순전히 불쾌한 위로자들)은 비록 그들의 법전이 철학적으로 또는 외교적으로 작성되어 최소한의 **법칙적인** 힘을 갖지 못하거나, 또한 가질 수 없음에도 불구하고 (왜냐하면 국가들은 그 자체로 하나의 공동체적인 외적 강제 하에 있지 않기 때문에) 지금까지 한 국가가 그렇게 중요한 남성들의 진술들로 무장된 논증들을 통하여 자신의 계획을 포기하게 했던 하나의 사례도 없이 항상 순전하게 전쟁침공의 **정당화**를 위하여 인용되기 때문이다.—— 그렇지만 각 국가가 법 개념에 대해 (적어도 말로는) 행하는 충성은 비록 지금은 잠자고 있다 할지라도 인간 속에 보다 더 큰 하나의 도덕적 소질이, 즉 그 자신 안에 있는 악한 원리(그가 부인할 수 없는 것)에 대해 그럼에도 한번은 지배자가 되고 이것을 또한 타자에 대해서도 희망할 수 있는 그러한 도덕적 소질이 있다는 것을 증명한다; 왜냐하면 그렇지 않고서 **법[권리]**이라는 낱말은 서로 반목하고자 하는 국가들에게는 결코 입에 오르지 않을 것이며, 저 갈리아의 제후[15]가 선언했던 것처럼 한낱 그 낱말을 조롱하기 위해서만 사용될 수 있기 때문이다: "약자가 강자에게 복종해야 한다는 것은 자연이 약자에 대해 강자에게 준 특권이다."

여기서 국가들이 그들의 권리를 추구하는 방식이 결코 하나의 대외적인 법정에서와 같은 소송절차Prozeß가 아니라 단지 전쟁일 수밖에 없으며, 그러나 이러한 전쟁과 그 전쟁의 적절한 기울음, 즉 **승리**를 통하여서는 그 권리가 결정되지 않고, 물론 **평화조약**을 통하여서는 이번 전쟁에 끝이 만들어지지만 (항상 하나의 새로운 구실을 발견하는) 전쟁상태에 끝이 만들어지지 않으며(이러한 상태 속에서 각자는 그 자신의 사안에 있어서의 심판관이기 때문에, 사람들은 또한 그 전쟁상태를 곧바로 부당한 것으로 언명할 수도 없으며), 그러나 그럼에도 불구하고 자연법[권]Naturrecht에 따르는 무법칙적 상태에 있는 인간에게 해당하는 문제, 즉 "이러한 상태로부터 헤어 나와야 한다는 것"이 곧바로 국제법에 따르는 국가들에게 해당할 수 없으며(왜냐하면 국가들로서 그들은 내부적으로 이미 하나의 법적인 헌정체제를 가지고 있고, 따라서 다른 국가들의 강제, 즉 그들을 그들의 법 개념들에 따라 하나의 확장된 법칙적인 헌정체제 하에 데려오기에는 너무 커버렸기 때문이다), 그렇지만 이성이 최고의 도덕적인 입법 권력의 권좌로부터 내려와 법적절차Rechtsgang로서의 전쟁을 전적으로 금지하는 한편, 반면에 평화 상태를 직접적인 의무로 삼는다 할지라도, 그 평화 상태는 민족들 서로 간의 계약 없이는 수립되거나 보장될 수 없기 때문에:— 사람들이 **평화연맹**(*foedus pacificum*)이라고 명명할 수 있는 하나의 특별한 종류의 연맹이 있어야만 하며, 그 연맹은 다음과 같은 점에서 **평화조약**(*pactum pacis*)으로부터 구별될 것이다. 즉 후자는 한낱 **하나의** 전쟁만을 종식시키고자 하지만, 전자는 **모든** 전쟁들을 영원히 종식시키고자 한다는 점에서 말이다. 이 연맹은 국가의 그 어떤 권세의 획득이 아니라 온전히 한 국가 자신과 동시에 다른 연맹한 국가들의 **자유**의 유지와 보장을 지향하는바, 그렇다고 이 국가들을 (자연 상태에서의 인간들처럼) 공공의 법칙들과 그 법칙들 하의 강제에 예속시킬 필요 없이 말이다.— 점진적으로 모든 국가들에 대해 신장되어야 하고, 그래서 영원한 평화에로 인도하는 이러한 **연방성**Föderalität의 이념의 실행가능성(객관적 실재성)은 현시될 것이다. 왜냐하면 한 영향력 있고 계몽된 민족이 하나의 공화국(그 본성상 영원한 평화에의 경향을 지닐 수밖에 없다)을 형성할 수 있는 행운이 따른다면, 이 공화국은 다른 국가들에 대해 연방적 통일의 한 중심점을 제시하는바, 그 다른 국가들을 그 연방적 통일에 가담시키고, 그래서 그 국가들의 자유상태를 국제법의 이념에 따라 보장하고 이러한 방식의 더 많은 연합들을 통하여 점차적으로 계속해서 널리 확산시키기 위함이다.

한 민족이 말하는 것: "우리들 중에 전쟁이 있어선 안 된다; 왜냐하면 우리는 우리를 하나의 국가로 형성하고 싶기 때문이다. 즉 우리 스스로에게 하나의 최상의 입법하는, 통치하는 그리고 심판하는 권력, 즉 우리의 분쟁거리들을 평화적으로 조정하는 권력을 부여하고 싶기 때문이다",— 이것은 이해될 수 있다.— 그러나 만일 이 국가가 다음과 같이 말한다면: "비록 내가 최상의 입법 권력, 즉 나에게 나의 권리를 보장하고, 그 권력에 대해 내가 그 권력의 권리를 보장하는 그러한 권력을 알지 못한다 할지라도 나와 다른 국가들 사이에 전쟁이 있어서는 안 된다", 이것은 전혀 이해될 수 없으며, 그것이 시민적 사회연맹Gesellschaftsbund이라는 대용물, 즉 이성이 국제법의 개념을 가지고 필연적으로 연합시켜야만 하는 자유로운 연방주의가 아니라면, 그래서 그때 생각할 무언가가 도처에 여지로 남아 있다면, 나는 나의 권리에 대한 믿음을 어디에 근거 지어야 하겠는가.

전쟁을 **위한** 하나의 법[권리]으로서의 국제법의 개념에 있어서는 본래적으로 전혀 아무것도 생각될 수 없는데 (왜냐하면 그러한 국제법은 보편적으로 타당한, 즉 각자의 자유를 개별적으로 제한하는 법칙들에 따라 언표하는 것이 아니라, [공]권력을 통한 일방적인 준칙들에 따라 권리가 무엇인지를 규정하는 법일 것이기 때문이다), 그렇다면 그러한 국제법의 개념은 다음과 같이 이해될 수밖에 없을 것이다: 그렇게 생각하는 사람들에게는 만일 그들이 서로 마찰하여 결국 그 폭력행위의 모든 잔악함을 그 원인자와 함께 뒤덮는 넓은 무덤 속에서 영원한 평화를 발견한다면, 그것은 아주 당연한 일이다. — 서로 관계하고 있는 국가들에 있어서는 이성에 따라 그들이 바로 개별적인 인간들처럼 그들의 야생의 (무법칙적인) 자유를 포기하여, 공공의 강제법칙들에 대해 익숙해지고, 그래서 하나의 (물론 계속해서 성장하는) **국제국가**Völkerstaat(*civitatis gentium*), 즉 종국에는 지상의 모든 민족들을 포괄하게 될 국제국가를 형성하는 것 외에는 전쟁이 포함하고 있는 순전히 무법칙적인 상태로부터 헤어 나올 어떠한 다른 방법도 있을 수 없다. 그러나 그들이 이러한 것을 국제법에 대한 그들의 이념에 따라서는 전연 원하지 않기 때문에, 따라서 **명제적으로**in thesi 옳은 것을 **현시적으로는**in hypothesi 폐기하기 때문에 **하나의 세계공화국**eine Weltrepublik이라는 적극적 이념 대신에 (만약 모든 것을 잃고 싶지 않다면) 전쟁을 막으며 존속하는 그리고 계속해서 확장되는 **연맹**이라는 **소극적** 대용물만이 법을 회피하는 적대적인 경향성, 더군다나 지속적인 그 분출의 위험을 가진 경향성의 조류를 저지할 수 있다. (내부에 극악무도한 전쟁의 분노가ㅡ무시 무시하게도 피에 굶주린 목구멍과 함께 미쳐 날뛴다. *Furor impius intus ㅡfremit horridus ore cruento.* 비르길Virgil)*[16]

제3확정조항, 영원한 평화를 위한.
"세계시민법*Weltbürgerrecht*은 보편적 **선대**善待Hospitalität의 조건들에 제한되어야 한다."

여기서는 전 조항들에서처럼 인간사랑Philanthrophie에 관한 것이 아니라 권리에 관한 이야기이고 여기서 **선대**Hospitalität(손님대접 Wirtbarkeit)는 한 이방인의 권리, 즉 그가 어떤 다른 땅에 도착했다는 이유로 이곳으로부터 적대적으로 다루어지지 않을 권리를 의미한다. 이 지역은 그를 거부할 수 있다. 만약 그것이 그의 몰락 없이 일어날 수 있다면 말이다; 그러나 그가 그의 자리에서 평화적으로 행동하는 한에서 그에게 적대적으로 대할 수는 없다. 구면체로서

● ● ●

* 종결된 전쟁 후에 평화조약을 체결함에 있어서 한 민족에게 있어서 감사제 이후에 하나의 속죄의 날, 즉 다른 민족들과의 관계 속에서 법칙적인 헌정체제에 따르려 하지 않고, 자신의 독립성을 자만하여 오히려 전쟁이라는 야만적인 수단(그렇지만 그것을 통하여 추구되는 것, 즉 각 국가의 권리가 형성되지 않는다)을 사용하는 인간 종에게 언제나 죄과를 돌리게끔 하는 막대한 범죄에 대하여 국가의 이름으로 하늘에 자비를 구하기 위한 속죄의 날이 기록된다는 것은 전혀 어색하지 않을 것이다.ㅡ 전쟁 동안에 쟁취한 **승리**에 대한 감사제들, (특별히 이스라엘 식으로) **군대의 주인**에게 찬송되는 찬가들은 인간의 아버지라는 도덕적 이념과 함께 만만치 않게 강력한 대조를 이루고 있다. 왜냐하면 그것들은 어떻게 민족들이 그들 상호간의 권리를 추구하는지와 같은 (충분히 슬픈) 방식에 대한 무관심성 외에도 정말 많이 사람들이나 그들의 행복을 파괴해 온 것을 기쁨으로 여기기 때문이다.

지구상에 모든 인간들은 무한히 흩어질 수 있는 것이 아니라, 결국에는 서로 옆에서 인내할 수밖에 없는, 그러나 근원적으로 아무도 지구의 한 장소에 있기 위하여 타자보다 더 많은 권리를 갖지 않는 지구의 표면에 대한 공동체적인 소유의 권리에 의하여 사회에 제공되는 것은 이 지역이 요구할 수 있는 **체류권**[내빈법]Gastrecht(이것을 위하여서는 그를 일정기간 동안 동거인으로 삼는 하나의 특별한 자선적인 계약이 요구될 것이다)이 아니라, 모든 사람들에게 권한이 있는 하나의 **방문권**Besuchsrecht이다.── 이러한 표면들 중에서 거주할 수 없는 부분들, 즉 바다와 사막들은 이러한 공동체를 갈라놓는다. **배** 또는 **낙타(사막의 배)**가 이러한 주인 없는 지역을 넘어 서로를 가까워지게 하고 하나의 가능한 왕래를 위하여 인간류에게 공동으로 부속하게 되는 **표면**에 대한 권리를 이용하는 것을 가능하게 한다. 그러므로 근해에서 배를 강탈하거나 해안에 표착한 선원들을 노예로 삼는 해안지역들(예를 들어 바바레스크인들Barbaresken[17])의 박대薄待Unwirtbarkeit, 또는 유목부족들에 대한 접근을 하나의 권리로 간주하여 그들을 약탈하는 사막지역들(아라비아의 베두인족들)의 박대는 자연법[권]에 위배되지만, 그러한 자연법[권]으로서 선대의 권리Hospitalitätsrecht, 즉 이방 나그네의 권한은 오랜 거주민들과의 왕래를 **시도할** 가능성의 조건들을 넘어 그 이상으로까지 미치지는 않는다.── 이러한 방식으로 떨어져 있는 세계지역들이 서로 평화적으로 관계할 수 있으며, 그 관계는 마침내 공적으로 법칙화 될 수 있고, 그래서 인간종menschliche Geschlecht을 결국에는 하나의 세계시민적인 헌정체제에 점점 더 가까이 갈 수 있게 한다.

사람들이 우리 대륙의 교화된, 특히 상업에 종사하는 국가들의 홀대하는inhospitale 행동을 이러한 것과 비교한다면, 그들이 낯선 나라와 이민족을 **방문**함에 있어서 (그들에게 그것은 그 나라와 민족을 **정복하는 것**과 같은 것으로 간주된다) 보여주는 부당함은 경악할 정도로 광범위하다. 아메리카, 흑인의 땅들, 향신료의 섬, 해각[희망봉]Kap 등등은 그것들이 발견되었을 때 그들에게 있어서는 아무에게도 속하지 않았던 땅들이다; 왜냐하면 그들은 거주민들을 아무것도 아닌 것으로 간주했기 때문이다. 동인도(힌두스탄)에서 그들은 한낱 의도된 상거래개설Handelsniederlage이라는 명분하에 낯선 군인들을 데려왔지만, 그 군인들을 가지고 원주민들을 억압하며, 널리 확산된 전쟁, 기아, 반란, 배신 그리고 인간종을 압박하는 모든 악행의 지루한 이야기가 계속해서 말하고 있는 것과 같은 것을 위하여 그 동인도의 여러 국가들을 선동하였다. 그래서 그러한 손님들을 치렀었던 중국*과 일본은 현명하게, 즉 전자는 접근Zugang을 허용

• • •

* 이 거대한 제국은 그들 스스로 일컫는 이름으로 쓰기 위하여 (즉 Sina 또는 이것에 유사한 소리가 아닌 China) 사람들은 단지 게오르기Georgii[18]의 『티베트 문자』Alphab. Tibet. 651-654쪽, 특히 **주해부호** b 이하를 참조하면 된다.— 페테르스부르크의 교수 **피셔**Fischer[19]의 소견에 따르면, 원래 그들 스스로 일컫는 특정한 이름이 없다. 가장 통상적인 이름은 Kin, 즉 황금(이것을 티베트인들은 Ser라고 표현한다)이라는 말의 이름이다. 그래서 그 황제는 **황금의 왕**(세계에서 가장 수려한 나라의 왕)이라 불리며, 그 낱말은 제국자체 내에서 Chin처럼 소리 나지만, 이탈리아 선교사들에 의해 (후두음 글자 때문에) Kin처럼 발음되었을 것이다.— 그렇다면 이로부터 사람들은 로마인들에 의해 불려졌던 Serer의 나라는 중국이었다는 것, 그렇지만 비단은 **대-티베트**를 지나서 (추측컨대 **소-티베트**와 부하라Bucharei를 통하여 페르시아를 지나서, 그렇게 계속해서) 유럽으로 운반되었었다는 것을 알 수 있다. 이것은 **티베트**와 결연하고, 이 티베트를 통하여 일본과 결연하는 인도의 고대와 비교하여 볼 때, 이 놀라운 국가의 고대에 대한 많은 고찰들에로 인도한다. 반면에 이웃나라들이 이 나라에 붙여주는 Sins 또는 Tschina라는 이름은 아무것도 안내하지 않는다.— 비록 결코 제대로 알려지진 않았지만, 티베트와 유럽의 태고의 교류는 아마도 **헤시키우스**

했지만, 진입Eingang을 허용하지 않았으며, 후자도 유일하게 유럽민족, 즉 홀란드인들에게만 접근을 허용하였는데, 그렇지만 그때 그들은 그 홀란드인들을 포로처럼 원주민들의 공동체로부터 격리시켰다. 여기서 최악의 것(또는 한 도덕적 재판관의 입장에서 보면 최선의 것)은 그들이 이러한 폭력행위에서 한 번도 만족스럽지 못하다는 것이며, 이러한 상사들Handlungsgesellschaften 모두가 거의 붕괴 점에 있다는 것이며, 설탕섬들Zuckerinseln, 즉 가장 잔인하고 가장 교묘한 노예제도의 본거지가 실질적인 수익을 낳는 것이 아니라, 단지

● ● ●

Hesychius[20]가 이에 관하여 우리에게 보전한 것, 즉 엘레우시스 밀교의 비밀들에서 교주Hierophant를 부르는 말 **콘크스 옴팍스**$Kov\xi$ $O\mu\pi\alpha\xi$ (*Konx Ompax*)[21]로부터 설명될 수도 있다. (젊은 아나카르시스[22]의 여행 제5부 447쪽 이하 참조)— 왜냐하면 게오르기의 『티베트 문자』에 따르면 *Concioa*라는 낱말은 신을 의미하는데, 그 낱말은 *Konx*와 눈에 띄는 유사성을 갖는다. 그리스인들에 의해 쉽게 *pax*라고 발음될 수 있었던 *Pha-cio*(같은 책 520쪽)는 **법칙의 공포자***promulgator legis*, 즉 전 자연에 두루 퍼져 있는 신성Gottheit(*Cenresi*라고도 일컬어진다, 177쪽)을 의미한다. 그러나 라 크로체La Croze[23]가 *benedictus*, 즉 **축복 받은 자**라고 번역하는 *Om*은 신성에 적용하여 볼 때, **복자로 찬양 받는 자** Seliggepriesenen 외에 다른 어떤 것도 의미할 수 없다, 507쪽. 그래서 **프란체스코 수도회 신부 호라티우스**[24]는 그가 신에 대해 무엇을 이해하는지 자주 물었던 티베트의 **라마교도들**로부터 언제나 다음과 같은 대답을 받았기 때문에: "**그것은 모든 성스러운 것들의 모음이다**" (즉 축복받은, 모든 종류의 물체를 통한 수많은 방랑 후에 라마교적 환생을 통하여 결국에는 신성에로 되돌아온 영혼들, Burchane, 즉 숭배할만한 존재로 변화된 영혼들, 223쪽), 저 신비스러운 낱말: *Konx Ompax*는 확실히 **성스러우며**(*Konx*), **축복받았고**(*Om*) **지혜로우며**(*Pax*), 세계도처에 두루 퍼져 있는 최고의 존재(인격화된 자연)를 의미해야 할 것이고, 그리스 **밀교들**에서 사용할 때, 분명히 민중Volk의 **다신주의**Polytheism와는 반대로 선지자들 Epopten[엘레우시스 밀교의 최고 성직자들]에게는 **일신주의**Monotheism를 암시하였을 것이다. 비록 여기에서 (위의 인용한 곳) 호라티우스가 **무신론**을 냄새 맡았음에도 불구하고 말이다.— 그러나 어떻게 저 신비스러운 낱말이 티베트를 넘어 그리스로 왔는지는 위의 방식으로 설명될 수 있고, 그것을 통하여 역으로 중국과 유럽의 이른 교역은 어쩌면 티베트를 지나 (아마도 힌두스탄과의 교역보다도 빨리) 하였을 것이다.

간접적으로만, 그리고 그마저도 그다지 칭찬할 만하지 않은 의도, 즉 전투함대를 위한 수병을 양성하여 다시금 유럽에서의 전쟁수행을 위하여 사용된다는 것이고, 이것이 신앙심에 의해 많은 일을 하는 열강들이라는 것이고, 그들은 불법을 물마시듯이 하면서도 스스로를 정통신앙에 있어서 선택받은 자로 간주되길 원한다는 것이다.

이제는 지구의 민족들 간에 일시에 전반적으로 만연하게 된 (보다 좁거나 보다 넓은) 공동체와 더불어 지구의 **한** 곳에서의 권리의 침해가 **모든** 곳에서 느껴질 정도가 되었기 때문에; 하나의 세계시민법의 이념은 법에 대한 환상적이고 과장된 표상방식이 아니라, 기록되지 않은 법전뿐만 아니라 공공의 인권 일반을 위한, 그리고 그렇게 영원한 평화를 위한 국제법으로서의 국가법의 필연적인 보완이며, 이러한 조건하에서만 사람들은 영원한 평화에 계속적으로 가까워지고 있다고 자부해도 된다.

제1추가

영원한 평화의 보장에 관하여

이러한 **보장**(Garantie)을 수행하는 것은 다른 어떤 것이 아니라, 바로 위대한 기술자Künstlerin인 **자연**인바 (자연은 사물의 고안자이다*natura daedala rerum*),[25] 그 자연의 기계적인 운행 속에서 인간들의 분쟁을 통하여 그들의 의지에 거스름에도 불구하고 조화를 이루어 내게 하는 합목적성이 눈에 띠게 빛을 발하고, 그 때문에 바로 그 합목적성의 작용법칙에 따라 우리에게는 알려지지 않는 한 원인의 강요로서 **운명**Schicksal이라 일컬어지지만, 세계의 운행 속에서 자연의 합목적성을 고려할 때는 하나의 보다 더 높은 원인, 즉 인간종의 객관적인 궁극목적에 맞춰져 있고, 이러한 세계운행을 앞서 결정하는 원인의 심오한 지혜로서 **섭리**Vorsehung*라고 일컬어지는데, 그

● ● ●

* 인간이 (감각의 존재로서) 함께 속하는 자연의 기계론[기제]에서 자연의 실존에 이미 근거로 놓여 있는 하나의 형식이 보여지는바, 우리가 그 형식을 앞서 규정하는

● ● ●

한 세계창시자의 목적을 자연에 깔아 놓는 것에 의해서 외에 우리는 달리 그 형식을 개념화할 수 없으며, 그 세계창시자의 사전규정을 우리는 (신적인) **섭리** 일반이라 이름하고, 그 사전규정이 세계의 **시초**에 놓이는 한에서 **근거짓는 섭리(창시적 섭리** *providentia conditrix* **그는 한 번 명령하였고, 이제 그들은 항상 순종한다** *semel jussit, semper parent*, **아우구스티누스**[26])라고 한다. 그러나 자연의 **운행** 속에서 이 운행을 합목적성의 보편적 법칙들에 따라 유지하는 것을 **관리하는 섭리(조종적 섭리** *providentia gubernatrix*)라고 하며, 나아가 특수한 목적들, 즉 그러나 인간에 의해서 미리 볼 수 있는 것이 아니라, 단지 그 성과로부터만 추측되는 목적들에 대해서는 **인도하는 섭리(유도적 섭리** *providentia directrix*)라 하며, 마지막으로 더욱이 개별적인 사건들을 신적인 목적들로 간주함에 있어서는 더 이상 섭리라 하지 않고 **숙명** Fügung(**예외적 인도** *directio extraordinaria*)이라 한다. 그러나 그 숙명을 (비록 사건들이 기적 Wunder이라고 일컬어지지 않음에도 불구하고, 이 숙명은 실제로 기적을 가리키기 때문에) 그 자체로 인식하고자 하는 것은 인간의 어리석은 억측이다. 왜냐하면 하나의 개별적인 사건으로부터 작용원인이라는 하나의 특수한 원리(이러한 사건은 목적이지, 하나의 다른 목적, 즉 우리에게 전혀 알려지지 않은 목적으로부터 나온 한낱 자연기계[기제]적인 부수결과가 아니라는 것)를 추론하는 것은 불합리하고 완전히 자기망상이기 때문이다. 그래서 이러한 말이 또한 경건하고 신앙심이 깊고 겸허하게 들릴지도 모른다.— 마찬가지로 섭리를 (**실질적**으로 고찰해서) 어떻게 그 섭리가 세계 내에서 **대상들**에 관계하는지에 따라 **보편적** 섭리와 **특수한** 섭리로 구분하는 것은 잘못이고 자기 모순적이다(예를 들어 그러한 구분은 피조물의 류의 보존을 위한 사전배려 Vorsorge이지만, 개별자들을 우연에 떠넘긴다는 것이다); 왜냐하면 섭리는 그 어떤 단 하나의 사물도 그 섭리로부터 배제된 것으로 생각되지 않기 위하여 바로 그 의도에 있어서 보편적이라고 일컬어지기 때문이다.— 추측컨대 사람들은 여기서 섭리의 구분이 (**형식적으로** 고찰해서) 그 섭리의도의 실행방식에 따른 구분임을 의미했을 것이다. 즉 **정규적인** ordentliche 섭리(예를 들어 계절의 변화에 따른 자연의 연례적인 사멸과 소생)와 **정규 외적인** außerordentliche 섭리(예를 들어 빙해지역으로의 목재의 인도, 즉 그 지역에서는 성장할 수 없는 목재가 그것 없이는 살아갈 수 없을 그 지역의 거주민들을 위하여 해양조류를 통하여 인도되는 것), 여기서 비록 우리가 이러한 현상들의 물리-역학적인 원인을 잘 설명할 수 있다 할지라도 (예를 들어 온대지방의 목재로 뒤덮인 강가를 통하여, 즉 그 강에 저 나무들이 빠져서 아마도 멕시코만의 난류 Golfstrom를 통하여 계속해서 견인되는 것을 통하여 말이다), 우리는 자연을 통제하는 한 지혜의 사전배려를 가리키는 목적론적 원인마저도 간과할 필요는 없다.— 다만 감각세계에서의 한 작용에 대한 어떤 신적인 **입회**나 협력(*concursus*)이라는 학교들에서 사용될 수 있는 개념에 관하여 말하자면,

섭리를 우리는 본래 자연의 이러한 기술행사Kunstanstalt에서 **인식**하
거나 그것으로부터 **추론하는** 것이 아니라, (목적 일반에 대한 사물들
의 형식의 모든 관계에서처럼) 우리에게 그 섭리의 가능성에 관하여
인간의 기술행위들의 유비에 따라 하나의 개념을 만들기 위하여
단지 **덧붙여 생각**할 수 있고 그럴 수밖에 없지만, 이성이 우리에게
직접적으로 지시하는 (도덕적) 목적에 대한 그 기술행위들의 관계와
의 합치를 표상하는 것은 하나의 이념이며, 이 이념은 **이론적** 견지에
서는 과도하지만, 실천적 견지에서는 (예를 들어 **영원한 평화**에 관한

● ● ●

이러한 개념은 내버려질 수밖에 없다. 왜냐하면 이종적인 것을 짝짓고자 하는 것(**그
리핀**[사자의 몸과 함께 독수리의 머리와 날개를 가진 상상의 동물]을 **말과 함께
묶는 것**gryphes iungere equis[27])과 그 스스로 세계변화들의 완전한 원인인 자, 즉 세계
운행 동안에 그 자신의 예정하는 섭리를 **보완**하게끔 하는 자를 말하는 것(따라서
그 섭리는 결함이 있을 수밖에 없다는 말이다), 예를 들어 **신 바로 다음으로** 의사가
그 병자를 고쳤다라고, 따라서 조력자로서 함께 있었다라고 말하는 것은 **첫째로**
그 자체 모순적이기 때문이다. 왜냐하면 **그 자신 홀로 존속하는 원인은 아무것도
소용하지 않기 때문이다**causa solitaria non iuvat. 신은 의사와 더불어 그의 모든 치료
제들의 창시자이고, 만일 사람들이 그러므로 최고의, 즉 우리에겐 이론적으로 파악
할 수 없는 원 근거에게까지 올라가고자 한다면, 그 결과는 **전적으로** 그에게 귀속되어
야만 한다. 또는 우리가 이러한 사건을 자연의 질서에 따라 설명할 수 있는 것으로서
세계원인들의 고리 속에서 추적하는 한에서, 사람들은 그 결과를 또한 **전적으로**
의사에게 돌릴 수도 있다. **둘째로** 하나의 그러한 사유방식은 또한 한 효과를 판정하
는 모든 특정한 원리들도 **빼앗는다.** 그러나 **도덕적–실천적** 견지(따라서 전적으로
초감성적인 것에 의거하고 있는 견지)에서, 예를 들어 만일 우리의 마음이 진실했다
면, 신이 우리 자신의 정의의 결핍을 또한 우리에게는 파악될 수도 없는 수단을
통하여서 보완할 것이라는 믿음 속에서, 따라서 우리가 선을 위하여 노력함에 있어
서는 어떠한 것도 소홀히 해서는 안 된다는 믿음 속에서 신적인 **협력**concursus의
개념은 전적으로 온당하고 게다가 필연적이기까지 하다. 그러나 이때 어느 누구도
(세계내의 사건으로서) 하나의 선한 행위를 이로부터[신적인 협력개념으로부터] 설
명하려고 시도할 필요가 없다는 사실은 자명하며, 그것은 초감성적인 것에 대한
하나의 명목상의 이론적 인식이며, 따라서 불합리하다.

의무개념에 관련하여 저 자연의 기계론[기제]Mechanism을 이용하기 위하여) 교의학적dogmatisch이고 그 실재성에 따라 잘 근거 지어져 있다.── **자연**이란 낱말의 사용은 또한 만일 여기서 (종교가 아니라) 온전히 이론만을 문제 삼는다면, (가능한 경험의 한계들 내에서의 자연의 원인들에 대한 결과들의 관계를 고려할 때 지켜야만 하는 제한을 위하여서보다는) 인간 이성의 제한을 위하여 더 온당하고, 우리에게 인식될 수 있는 **섭리**라는 표현보다, 즉 규명할 수 없는 그 섭리의 의도의 비밀에 더 가까이 가기 위하여 사람들이 그 표현을 가지고 주제넘게 이카로스의 날개를 다는 그러한 표현보다 **더 겸허**하다.

이제 우리가 이러한 보장을 보다 더 가깝게 규정하기 전에 먼저 자연이 자신의 거대한 무대 위에서 행위 하는 인격들을 위하여 마련한 상태, 즉 자연의 평화보장을 최종적으로 필연적이게 하는 상태를 탐구하는 것이 필요할 것이다;── 그러나 그렇다면 무엇보다도 어떻게 자연이 이러한 평화보장을 수행하는지에 대한 방식을 탐구하는 것이 필요할 것이다.

자연의 잠정적인 행사는 다음과 같은 점에 있다: 자연은 1. 인간들을 위하여 지구의 모든 지역들에 그들이 살 수 있도록 배려하였다;── 2. 인간들을 **전쟁**을 통하여 사방으로, 즉 그들이 정주하도록 하기 위하여 가장 황폐한 지역들에까지도 내몰았다;── 3. 바로 그 전쟁을 통하여 인간들을 다소간의 법칙적인 관계들에 들어서도록 강요하였다.── 빙해의 차가운 황무지에서도 이끼가 자라며, 그 이끼를 **순록**이 눈 밑에서 긁어내어 먹는데, 그 자신은 오스트야크인Ostjaken이나 사모예드인Samojeden[28]의 식량이 되거나 썰매가 매여지기 위하여서 말이다; 또는 소금기 있는 모래사막조차도 마치 그 사막을 여행하기 위하여 만들어진 것처럼 보이는 **낙타**에게는 그 사막이 이용되지 않은 채 내버려지지 않기 위함을 내포한다는 것은 정말 경탄할 만하다. 그런데 빙해연안의 모피동물들 외에도 또한 [물개, 바다표범 같은] 기각류들, 해마들 그리고 고래들이 그들의 고기에서 식량을 제공하고 그들의 기름으로 그곳의 주민들을 위한 연료를 제공하는 것과 같은 것을 알게 된다면, 그 목적은 더욱 더 분명하게 드러난다. 그러나 자연의 사전배려는 유목流木Treibholz을 통하여 가장 많이 경탄을 자아내는바, 그 목재를 (사람들은 그것이 어디서 왔는지 제대도 알지 못하지만) 자연이 이러한 불모지역들에 보내며, 그러한 재료 없이는 그 주민들은 그들의 탈것과 무기뿐만 아니라 거처를 위한 오두막도 마련할 수 없을 것이다; 게다가 또한 그곳에서 그들은 서로 평화롭게 살기 위하여 동물들과의 전쟁으로 충분히 어려움을 겪는다.— 그러나 그들을 **그곳으로 몰아낸** 것은 추측컨대 전쟁 외에 다른 어떤 것도 아니었을 것이다. 그런데 인간이 지구상에 살기 시작한 이래 길들여서 가축으로 삼는 것을 배웠었던 모든 동물들 가운데 최초의 **전쟁도구**는 **말**이며 (왜냐하면 코끼리는 더 늦은 시기, 즉 일찍이 세워진 국가들의 사치의 시기에 속하기 때문이다), 아울러 지금 우리로서는 그 근원적인 성질에 대해서 식별할 수 없는 그 어떤 풀 종류를 **곡식**이라 이름 하여 재배하는 기술이나, 또한 마찬가지로 이식과 접붙이기를 통한 **과일종류들**의 증식과 개량도 (아마 유럽에서는 겨우 두 가지 류, 즉 야생사과와 야생배만이) 보장된 토지소유가 이루어졌던 이미 건립된 국가들의 상태에서만 발생할 수 있었는데, — 인간들이 앞서 무법칙적인 자유 속에서 **수렵생활***, 어부생활

그리고 목축생활로부터 **농경생활**까지 통과하고, 이어서 **소금**과 **철**이 발견되고 난 후에 말이다. 이것들은 아마도 상이한 민족들 간에 최초로 광범위하게 추구되었던 상거래 품목이었을 것이며, 이것을 통하여 그 민족들은 비로소 서로에 대하여 하나의 **평화적인 관계**에 이르게 되었고, 그렇게 또 멀리 떨어져 있는 사람들과도 서로 간의 합의, 공동체[유대관계]Gemeinschaft 그리고 평화적인 관계에 이르게 되었었다.

이제 자연은 인간들이 지구상의 모든 곳에서 생활**할 수 있도록** 배려함으로써, 또한 동시에 비록 그들의 경향성에 거스름에도 불구하고 그들이 모든 곳에서 생활**해야 한다**는 것을 전제 군주적으로 원했고, 이러한 당위Sollen가 동시에 하나의 도덕법칙을 매개하여 그들을 구속하는 하나의 의무개념을 전제하지 않았음에도 말이다. — 오히려 자연은 이러한 당위를 위한 자신의 목적에 도달하기 위하여 전쟁을 선택하였다.— 우리는, 한편으로 빙해연안의 **사모예드인**, 그리고 다른 한편으로 그곳으로부터 200마일 떨어진 **알타이** 산맥의 유사한 언어를 사용하는 어느 한 민족과 같이, 그들의 언어의 통일성

● ● ●

* 모든 생활방식 중에 **수렵[사냥]생활**이 의심할 것 없이 교화된 헌정체제에 가장 많이 배치된다. 왜냐하면 그런 생활에서는 따로따로 살 수밖에 없는 가족들이 서로 금방 낯설어지고, 그에 따라 각자가 그들의 식량과 의복의 획득을 위하여 많은 공간을 필요로 하므로 넓은 숲속으로 흩어지게 되어 또한 금방 **적대적**으로 되기 때문이다. — **노아의 피의 금지**, 창세기 9장 4-6절(이것은 비록 다른 고려 속에서이긴 하지만 종종 반복되어 나중에 이교로부터 개종한 기독교인들에게 유대 기독교인들에 의해 조건으로 삼게 되었던 것이다. 사도행전 15장 20절, 21장 25절)은 애초부터 **사냥꾼생활**의 금지 이외의 다른 무엇이 아니었던 것으로 보인다. 왜냐하면 이러한 사냥꾼의 생활에서 고기를 날것으로 먹는 경우가 종종 일어날 수밖에 없으므로 후자와 더불어 전자가 동시에 금지되기 때문이다.

에서 그들의 혈통의 통일성을 알 수 있게 하는 민족들을 보게 된다. 그 두 민족 사이에 한 다른 민족, 즉 말 타는, 그래서 호전적인 몽골민족이 쳐들어 와서 그 종족의 저 부분[사모예드인]을 이 부분[알타이 산맥의 어느 한 민족]으로부터 멀리 가장 황폐한 얼음지역으로 쫓아낸 것이지, 그들이 자신들의 경향성에 따라 그곳에까지 퍼져 나갔던 것은 아닐 것이다*;— 마찬가지로 **라프인**Lappen이라 불리는 유럽 최북단 지역의 **핀족**Finnen도 지금과는 마찬가지로 멀리 떨어진, 그러나 언어상으로 그들과 친족관계에 있는 헝가리로부터 그들 사이에 침입한 고트Got와 사르마트Sarmat 민족들[29]에 의해 분리되었다; 그리고 아메리카 북단의 **에스키모인들**(모든 아메리카인들과는 완전히 구별되는 한 종족으로서 아마도 태고의 유럽 모험가들)과 아메리카 남단의 **페쉐래인들**Pescherãs[30]을 포이어랜드Feuerland까지 쫓아낸 것은 자연이 지구의 모든 곳에 사람이 살도록 하기 위한 수단으로 이용하는 전쟁 이외의 그 무엇일 수 있겠는가? 그러나 전쟁자체는 특별한 동인을 필요로 하지 않고 인간본성에 접목되어 있는 것으로 보이고, 더욱이 고귀한 어떤 것, 즉 그것 때문에 인간이 이기적인

● ● ●

* 사람들은 다음과 같이 물을 수 있을 것이다: 자연은 이러한 빙해연안이 사람이 살지 않은 채로 남아 있어선 안 된다는 것을 원했음에도 불구하고, 만약 자연이 일찍이 그들에게 (기대될 수 있듯이) 더 이상 유목을 인도하지 않았다면 그 빙해연안의 주거인들은 어떻게 되겠는가? 왜냐하면 진보하는 문명Kultur에 있어서 온대지역의 거주자들이 그들의 강가에서 자라는 목재들을 더 잘 이용하게 되어, 그것이 강물에 빠져서 바다로 흘러가게 내버려 두지 않을 것이라는 사실이 생각될 수 있기 때문이다. 나는 대답한다: **옵강**Obstrom, 예니세이강Jenisei, 레나강Lena 등등의 주민들은 그들에게 그 목재를 거래를 통하여 보낼 것이고, 그에 대하여 빙해연안의 바다에 풍부한 동물의 왕국의 신물들을 교환하여 얻을 것이다. 만일 자연이 우선적으로 그들 사이에 평화를 강제했다면 말이다.

충동들 없이도 명예욕을 통하여 내적으로 충족되는 그러한 고귀한 어떤 것으로 간주되는 것처럼 보인다. 그래서 (아메리카 야만인들뿐만 아니라 기사시대의 유럽 야만인들의) **전쟁의 용기**는 (당연한 것으로서) 전쟁이 있을 때뿐만 아니라 전쟁이라는 **것**에도 직접적으로 위대한 가치가 있는 것으로 판단되고, 전쟁은 종종 단순히 저 전쟁의 용기를 보여주기 위해 시작하며, 따라서 전쟁 그 자체에 하나의 내적인 존엄이 부여되며, 게다가 철학자들마저도 그 전쟁에 대해 인간성을 어느 정도 고상하게 하는 것이라고 다음과 같은 그리스인들의 경구를 생각하지 않고서 찬사를 보내기까지 한다: "전쟁은 악한 사람들을 제거하는 것보다 더 많은 악한 사람들을 만든다는 점에서 나쁘다."[31] 이만큼이 자연이 **자기 자신의 목적을 위하여** 한 동물종류로서 인간류와 관련하여 행하는 것에 관한 것이다.

이제 영원한 평화에 대한 의도의 본질적인 것에 해당하는 물음이 있다: "자연은 이러한 의도에서, 또는 인간에게 그 자신의 이성이 의무로 삼는 목적과 관련하여, 따라서 인간의 **도덕적 의도**의 지지를 위하여 무엇을 행하는가? 그리고 인간이 자유법칙에 따라 행**해야 한다**는 것이 작위하지 않음에도, 이러한 자유를 손상시키지 않고서 자연의 어떤 강제를 통하여서도 인간이 그것을 행**할** 것이라는 사실이 보장되어 있다는 것을 자연은 어떻게 보장하는가? 더욱이 공법, 즉 국가법, 국제법 그리고 세계시민법이라는 세 가지 모든 관계들에 따라서 말이다."— 내가 자연에 관하여 말하자면: **자연**은 이러저러한 것이 발생하는 것을 **원한다**는 것이 자연이 우리에게 그것을 행하도록 하나의 의무를 부과한다는 것을 말하지 않고 (왜냐하면 그것은 강제 없는 실천적 이성만이 할 수 있기 때문이다), 우리가 원하든 그렇지 않든 간에 자연이 그것을 스스로 행한다는 것이다(**운명은 원하는 자를 인도하며, 반항하는 자를 함께 끌고 간다.** *fata volentem ducunt, nolentem trahunt*).[32]

1. 만일 한 민족이 내부적 불일치를 통하여 공법의 강제 하에 처하도록 강요되지 않을지라도, 전쟁이 그것을 외부로부터 행할 것인데, 앞서 언급한 자연행사Naturanstalt에 따라 각 민족은 그것을 독촉하는 다른 한 민족을 자신 앞의 이웃으로 생각함으로써, 그 민족에 맞서 각 민족은 이러한 이웃에 대한 **권세**[위력]Macht로서 무장되어 있기 위하여서는 내부적으로 하나의 국가를 형성할 수밖에 없다. 이제 **공화적** 헌정체제는 인간의 권리에 완전히 일치하는 유일한 체제이지만, 또한 설립하기가 가장 어려운 체제이며, 그보다는 더더욱 유지하기가 가장 어려운 체제이며, 그에 따라 많은 사람들이 그것은 하나의 **천사들의 국가**일 수밖에 없다고 주장한다. 왜냐하면 이기적인 경향성들을 지닌 인간들은 그렇게 숭고한 형식의 헌정체제에 적합하지 않을 것이기 때문이다. 그러나 이제 자연은 존경받는, 그렇지만 실천에 있어서는 무기력한 보편적 의지에, 즉 이성 속에 근거 지어진 의지에 도움을 주지만, 바로 저 이기적인 경향성들을 통하여 도우며, 저 이기적인 경향성에서 하나의 힘이 자신의 파괴하는 작용으로 다른 힘들을 저지하거나 지양하는 것처럼, 그 경향성의 힘들을 서로에 대해 조정하기 위하여서는 국가의 좋은 편제[조직]만이 문제가 된다(이 편제는 물론 인간의 능력에 속한다): 그래서 이성에 있어서 성과는 마치 양자[두 힘]가 전혀 거기에 없었던 것처럼 나타나고, 또 인간은 비록 도덕적으로-선한 인간은 아니라 할지라도, 한 선한 시민이노록 강제된다. 국가건립의 문제는 들리는 것처럼 힘들지만,

악당들의 민족에게조차도 (그들이 다만 지성을 갖고 있다면) 해결될 수 있고 다음과 같다: "다수의 이성적 존재들은 모두 다 자신의 유지를 위한 보편적 법칙들을 요구하지만, 그들 각자는 은밀히 그 법칙들로부터 제외되려는 경향이 있는바, 비록 그들이 그들의 사적성향들에 있어서 서로 대립한다 할지라도, 그들의 공적인 태도에서 마치 그들이 그러한 악한 성향들을 갖고 있지 않은 것과 같은 결과가 나타나도록 이 사적성향들이 서로 저지하게끔 그들을 정리하고 그들의 헌정체제를 설립하는 것이다." 하나의 그러한 문제는 **해결될 수**밖에 없다. 왜냐하면 그 문제는 인간의 도덕적 개선이 아니라, 단지 자연의 기계론[기제]의 문제인바, 그 기계론[기제]에 관하여 그 과제는 어떻게 인간에게서의 그 기제를 이용할 수 있는지를 알고자 하기 때문인데, 한 민족에게 있어서 인간들의 비평화적인 성향들의 충돌을 조정하기 위하여, 즉 그들이 자신들을 강제법칙 하에 처하게끔 서로가 스스로 강요하고 그렇게 법칙들이 구속력을 갖는 평화상태를 초래할 수밖에 없도록 조정하기 위하여서 말이다. 사람들은 이러한 것을 실제로 현전하는, 그렇지만 매우 불완전하게 편제된 국가들에게서도 볼 수 있는데, 그 국가들은 이미 외적인 태도에 있어서 법이념이 지시하는 것에 매우 가까이 다가서 있는바, 비록 도덕성의 내적인 것이 확실히 그것에 대한 원인은 아니라 할지라도 말이다 (마치 이러한 도덕성에 의해 좋은 국가헌정체제가 기대될 수 있는 것이 아니라 오히려 역으로 후자에 의해 무엇보다도 한 민족의 선한 도덕적 육성Bildung이 기대될 수 있는 것처럼 말이다). 따라서 자연의 기계론[기제]은 자연스럽게 서로 외적으로도 상충 작용하는 이기적인 경향성들을 통하여 이성에 의해 수단으로 사용될 수 있는바,

이러한 자연의 기계론이 이성의 고유한 목적, 즉 법적인 규정에 공간을 마련하고 더불어 또한 그 공간이 국가 자체에 놓여 있는 한, 내적일 뿐만 아니라 외적인 평화를 촉진하고 보장하기 위한 수단으로 사용될 수 있다.— 그러므로 여기서 그것은 다음과 같은 것을 의미한다: 자연은 불가항력적으로 법[권리]이 최종적으로 최고 권력을 지니고 있길 **원한다**. 사람들이 이제 여기서 행하려 하지 않는 것이 많이 못마땅함에도 불구하고 결국에는 저절로 행해진다.— "갈대를 너무 강하게 구부리면 부러진다; 그리고 너무 많이 원하는 자는 아무것도 원하지 않는 것이다." **부터벡**Bouterwek[33].

2. 국제법의 이념은 서로에 대해 독립적인 많은 이웃국가들의 **분리**를 전제한다; 그리고 (그 국가들의 한 연방적 통일이 적대행위의 분출을 예방하지 않을 때) 비록 하나의 그러한 상태가 그 자체로 이미 전쟁의 한 상태라 할지라도 말이다: 이러한 상태조차도 이성이념에 따르면 다른 국가들을 넘어 과도하게 커져서 하나의 세계왕정체Universalmonarchie로 이행하는 권세를 통한 그 국가들의 융합보다낫다. 왜냐하면 법칙들은 확대된 통치의 범위와 더불어 점점 더 많이 그 강제력을 잃을 것이고, 하나의 영혼 없는 전제주의는 그것이 선의씨앗을 근절하고 난 후에는 결국 무정부상태Anarchie로 타락하기때문이다. 그럼에도 불구하고 이것[전제주의]은 각 국가(또는 그 국가의 통수권자)의 욕망인바, 이러한 방식으로 지속적인 평화 상태로 바꿔놓기 위하여 그는 가능한 한 전 세계를 지배하려는 것이다. 그러나 **자연**은 그것을 다르게 **원한다**.— 자연은 민족들이 서로 섞이는 것을 막고 그들을 분리하기 위하여 두 가지 수단, 즉 **언어들**과 **종교들**의 상이성*을 이용하는데, 이 상이성은 상호간의 증오의 성벽

Hang과 전쟁을 위한 구실을 지니고 있지만, 그럼에도 성장해 가는 문화와 인간들이 점진적으로 가까워짐에 따라 원리들에 있어서의 보다 큰 일치와 평화에 대한 합의에로 인도하는바, 이 평화는 저 전제주의처럼 (자유의 교회뜰묘지에서) 모든 힘들의 약화를 통하여서가 아니라 그 힘들의 가장 생동적인 경쟁심에서의 그 힘들의 균형을 통하여 산출되고 보장된다.

3. 자연은 각 국가의 의지가 심지어 국제법의 근거들에 따라서조차도 기꺼이 계략이나 권력[폭력]Gewalt을 통하여 자신 하에 통일시키고자 하는 민족들을 지혜롭게 분리시키는 것처럼; 그렇게 자연은 또한 다른 한 편으로 세계시민법의 개념이 폭력행위와 전쟁에 대해 보장하지 않았을 민족들을 상호간의 사리사욕을 통하여 연합시킨다. 그것은 **상업정신**이며, 이 정신은 전쟁과 함께 공존할 수 없고, 조만간 각 민족을 장악한다. 즉 국가권세Staatsmacht하에 예속된 모든 권세들 (수단들) 중에 **금권력**이야말로 가장 믿을 만한 것이기 때문에, 국가들은 (물론 곧 바로 도덕성의 동인을 통하여서는 아니지만) 고귀한 평화를 촉진할 수밖에 없게끔 보이고, 또한 언제나 세계 내에 전쟁이 발발할 위협이 있는 곳에서 그 전쟁을 중재를 통하여

• • •

* **종교들의 상이성**: 하나의 기묘한 표현! 그것은 바로 마치 사람들이 상이한 **도덕들**에 관하여 말하는 것과 같을 것이다. 확실히 역사적 수단들이라는 **신앙의 방식들**, 즉 종교에 속하는 수단들이 아니라, 종교의 촉진을 위하여 사용된 학식의 역사에 해당하는 수단들, 즉 학식의 분야에 해당하는 수단들이라는 신앙방식들이 있을 수 있고, 마찬가지로 상이한 **종교의 경전들** (젠드아베스타Zendavesta[고대 이란의 조로아스터교의 경전], 베담Vedam[힌두교의 산스크리트어 경전], 코란Koran 등등)이 있을 수 있지만, 모든 인간과 모든 시대에 있어서 타당한 하나의 유일한 **종교**만이 있을 수 있다. 그러므로 저것[신앙의 방식]은 확실히 단지 종교의 수레 이외의 다른 아무 것도 아니며, 우연적인 것과 시대들과 장소들에 따라 상이할 수 있는 것을 포함한다.

막을 수밖에 없는 것처럼 보이는바, 그래서 마치 그 국가들이 불변적인 동맹 속에 있는 것처럼 말이다; 왜냐하면 전쟁을 위한 대규모의 통일들은 사태의 본성상 최고로 드물게만 일어나고 성공하기는 더더욱 어렵기 때문이다.— 그러한 방식으로 자연은 인간의 경향성들 자체에 있는 기계론[기제]을 통하여 영원한 평화를 보장한다; 물론 그 보장이 그 평화의 미래를 (이론적으로) **예언하기**에는 충분하지 않은 확실성이긴 하지만, 그럼에도 불구하고 실천적인 견지에 있어서는 충분하고 이러한 (한낱 환상적이지만은 않은) 목적들을 위하여 **노력하는 것**을 의무로 삼도록 보장한다.

제2추가

영원한 평화를 위한 비밀조항

공법[공공의 권리]에 대한 한 협상에서의 비밀조항은 객관적으로, 즉 그 내용에 따라 보면 하나의 모순이다; 그러나 주관적으로는, 즉 그 조항을 지시하는 인격의 성질에 따라 판정하면, 말하자면 그 인격이 공적으로 그 조항의 창안자로서 고지되는 것을 자신의 품위를 위해서는 꺼림칙하게 생각한다는 점에서 확실히 하나의 비밀이 생길 수 있다.

이러한 종류의 유일한 조항은 다음 명제 속에 포함되어 있다: **공적인 평화의 가능성의 조건들에 대한 철학자들의 준칙들은 전쟁을 위하여 채비된 국가에 대해 조언으로 사용되어야 한다.**

그러나 **신민들**(철학자들)에게서 다른 국가들에 대한 행동의 원칙들에 대하여 가르침을 구하는 것은 사람들이 으레 가장 위대한 지혜를 부여할 수밖에 없는 한 국가의 입법적 권위에 있어서는 그 권위를 축소시키는 것처럼 보인다. 그러므로 국가는 철학자들을 **암묵적으로** (따라서 국가는 그것을 비밀로 삼음으로써) **그렇게 하도록**[가르침을 주도록] 촉구할 것인데, 이것은 다음과 같은 것을 말한다: 국가는 철학자들을 자유롭고 공적으로 전쟁수행과 평화수립의 보편적 준칙들에 대하여 이야기하게 할 것이고(왜냐하면 사람들이 그것을 그들에게 금지하지만 않는다면, 그들은 그것을 기꺼이 스스로 행할 것이기 때문이다), 이러한 점에 대한 국가들 간의 일치는 이러한 의도에서의 그 국가들 사이의 그 어떤 약속도 필요치 않고, 이미 보편적인 (도덕적으로–입법하는) 인간이성을 통한 의무화 속에 놓여 있다는 것이다.— 그러나 여기서 그것은 다음과 같은 것: 국가가 철학자의 원칙들에 법률가 (국가권세의 대리인)의 발언보다 우선권을 승인해야만 한다는 것을 의미하지 않고, 단지 그의 말을 **경청한다는 것**이다. 후자, 즉 법의 **저울**과 그 옆에 또한 정의의 **검**을 상징으로 삼아왔던 법률가는 보통 정의의 칼을 사용하는바, 한낱 혹시나 하는 모든 낯선 영향들을 법의 저울로부터 떼어놓기 위하여서가 아니라, 그 저울의 한 쪽 접시가 기울어지지 않으려 할 때 그 검을 함께 올려놓기 위하여서이다(패자에게 **화 있을진저***vae victis*)[34]: 동시에 (도덕성에 따라서도) 철학자가 아닌 법률가는 이러한 것에 대하여 가장 큰 유혹을 받는다. 왜냐하면 현전하는 법칙들[법률들]을 적용하는 것만이 그의 직무이지, 이러한 법칙들 자체가 개선을 필요로 하는지를 연구하지는 않기 때문이고, 실제에 있어서는 보다 낮은 그의 학부 [법학부]의 서열을 그가 권세와 함께 동반하고 있다는 이유 때문에 (다른 두 학부들[신학부와 의학부]의 경우와 마찬가지로) 보다 더 높은 서열로 생각하기 때문이다.— 철학부는 이러한 유착된 권력 하에 매우 낮은 단계에 서 있다. 그것은 예를 들어 철학에 관해 신학의 **시녀**라고 하는 것과 같다(그리고 다른 두 학부들[법학부와 의학부]에 대해서도 마찬가지이다).── 그러나 사람들은 "그 시녀가 그녀의 자비로운 부인들에 앞서 횃불을 들고 있는지 긴 옷자락을 뒤에서 들고 있는지"[35]를 똑바로 보지 못한다.

왕이 철학을 하거나 철학자가 왕이 된다는 것은 기대될 수도 없지만, 또한 바람직하지도 않다. 왜냐하면 권력의 소유는 이성의 자유로운 판단을 불가피하게 부패시키기 때문이다. 그러나 왕들 또는 왕가의 (스스로 평등의 법칙들에 따라 지배하는) 족속들Völker이 철학자의 부류를 없애거나 입을 막지 않고, 공적으로 말하게 하는 것은 양자에게 그들의 업무를 빛나게 하는 데에 있어서 필수적인데, 왜냐하면 이러한 부류는 그들의 본성상 부패시키는 것과 집단동맹에 대해 능력이 없기 때문이다. 즉 **선동**Propagande을 하는 데에는 혐의가 없기 때문이다.

부록

I. 영원한 평화에 대한 의도에 있어서 도덕과 정치 사이의 불일치에 대하여

도덕은 이미 그 자체로 객관적인 의미에 있어서 하나의 실천, 즉 무제약적으로 명령하는 법칙들의 총괄개념으로서 그 법칙들에 따라 우리가 행위 **해야 한다**는 것이고, 사람들이 이러한 의무개념에 그 권위를 인정하고 난 후에도 그것을 **할 수** 없다고 말하고자 하는 것은 명백한 불합리이다. 왜냐하면 그러할 때 이러한 개념은 도덕으로부터 저절로 탈락되기 때문이다(**아무도 할 수 있는 것을 넘어서 있는 것을 의무로 삼지 않는다.** *ultra posse nemo obligator*); 따라서 실행하는 법론Rechtslehre으로서의 정치와 하나의 법론, 그러나 이론적인 법론으로서의 도덕의 싸움(따라서 실천과 이론 사이의 싸움)은 있을 수 없다: 그렇다면 사람들은 후자[도덕]를 하나의 일반적인

처세술Klugheitslehre, 즉 이득을 위하여 계산된 그의 의도에 대하여 가장 유용한 수단을 선택하기 위한 준칙들에 대한 하나의 이론으로 이해할 수밖에 없을 것인데, 즉 그것은 도대체 하나의 도덕이 있다는 것을 부인하는 것이다.

정치는 말한다: "**뱀처럼 영리하라**"; 도덕은 (제한하는 조건으로서) 거기에 덧붙인다: "**그리고 비둘기처럼 거짓 없이**."[36] 만일 양자가 하나의 명령안에 함께 존속할 수 없다면 실제로 정치와 도덕의 싸움은 있다: 그러나 그럼에도 불구하고 철저하게 양자가 합일되어 있어야 한다면 반대의 개념은 불합리하고, 어떻게 저 싸움을 조정할 것인지의 물음은 결코 한 번도 과제로서 제기될 수 없다. 비록 **진정성은 최선의 정치이다**라는 명제가 하나의 이론, 즉 그 이론에 실천이 유감스럽게도! 매우 빈번하게 모순되는 그러한 이론을 포함하고 있음에도 불구하고, **진정성은 모든 정치보다 낫다**는 마찬가지의 이론적 명제는 모든 이의제기를 넘어 무한히 숭고하며, 정말로 정치의 불가피한 조건이다. 도덕의 경계신Grenzgott은 주피터(권력의 경계신)에게 굴복하지 않는다; 왜냐하면 이 주피터는 여전히 운명 하에 서 있기 때문인데, 즉 이성은 자연의 기계론[기제]에 따르는 인간들의 행함[작위]Tun과 내버려둠[무위]Lassen에 기인하는 행복하거나 나쁜 성과를 (비록 그 성과를 소망에 따라 희망하게 함에도 불구하고) 확실하게 미리 알게 하는 사전 규정하는 원인들의 계열을 조망할 만큼 충분히 깨우쳐져 있지 않기 때문이다. 그러나 의무의 궤도들 속에 (지혜의 규칙들에 따라) 머물러 있기 위하여 사람들이 무엇을 행해야만 하는지와 더불어 궁극목적에 대하여 이성은 우리에게 도처에서 밝게 비춰준다.

그러나 이제 실천가(그에게 도덕은 한낱 이론일 뿐이다)는 우리의 선량한 희망에 대한 그의 절망적인 부인을 (인정된 **당위**Sollen와 할 수 있음Können에도 불구하고) 본래 다음과 같은 점에 근거 짓고 있다: 그는 **인간이** 영원한 평화에로 인도하는 저 목적을 성취하기 위하여 요구되는 것을 결코 **원하지 않을 것이다**라는 것을 인간의 본성으로부터 미리 알 수 있다고 주장하는 것이다.— 하지만 하나의 법칙적인 헌정체제 속에서 자유의 원리들에 따라 사는 **모든 개별적인** 인간들의 의욕함Wollen(**모든 이들의** 의지의 **분배적** 통일성)이 이러한 목적에 충분한 것이 아니라, **모두가 함께** 이러한 상태를 원한다(합일된 의지의 **집합적** 통일성)는 것이 그렇다는 것이다; 하나의 어려운 과제에 대한 이러한 해결은 더욱이 시민사회라는 하나의 전체가 되기 위하여 요구된다; 그리고 따라서 모든 이들의 입자적 의욕함이라는 이러한 상이성을 넘어 하나의 공동체적인 의지, 즉 모든 사람들 중 어느 한 사람이 할 수 없는 의지를 산출하기 위하여 그 의욕함을 합일하는 하나의 원인까지도 부가되어야만 하기 때문에: 그러한 것은 저 이념의 **실행**에 있어서 (실천에 있어서) **권력**, 즉 나중에 그 권력의 강제 위에 공법이 근거 지어지는 그러한 권력을 통한 시작 외에 다른 법적상태의 시작 위에서는 생각될 수 없다; 그렇다면 이러한 것은 물론 (사람들은 어차피 입법자의 도덕적 성향[마음가짐]Gesinnung, 즉 입법자가 야만적인 무리들을 한 민족으로의 기정사실적인 통일 후에 이 민족에게 그들의 공동의 의지를 통하여 하나의 법적인 헌정체제를 이룩하는 것을 넘겨 줄 것이라는 것을 여기에서는 거의 생각할 수 없기 때문에) 현실적인 경험에 있어서는 저 이념(이론)과의 커다란 편차를 이미 예기할 수 있게 한다.

그렇다면 여기서 그것은 다음과 같은 것을 말한다: 일단 권력을 손에 가진 사람은 인민Volk에 의해 법칙들을 규정하게 놔두지 않을 것이다. 일단 소유되어 있어서 어떠한 외부적인 법칙들 하에도 있지 않은 한 국가는 어떻게 그 국가가 다른 국가들에 대해 자신의 권리를 추구해야 하는지에 대한 방식과 관련하여 다른 국가들의 판사석에 종속되도록 하지 않을 것이다. 그리고 하나의 대륙마저도 만일 그 대륙이 더욱이 자신에게 방해되지 않는 다른 한 대륙에 대해 우세하다고 느낀다면, 약탈이나 심지어 그 대륙의 지배를 통하여 자신의 권세를 강화하는 수단을 이용하지 않은 채로 놔두지 않을 것이다; 그래서 이제 국가법, 국제법 그리고 세계시민법을 위한 이론의 모든 계획들은 공허하며 실행할 수 없는 이상적인 것으로 흩어져 버린다; 그에 반하여 하나의 실천은 인간 본성의 경험적 원리들에 근거하고 있으며, 어떻게 세계 내에서 일이 되어 가는지에 대한 방식으로부터 실천의 준칙들을 위한 가르침을 얻는 것을 너무 저급하다고 간주하지 않는바, 오로지 실천만이 국가정략이라는 실천의 건축물을 위한 하나의 확실한 근거를 발견한다고 희망할 수 있다는 것이다.

물론 만일 자유와 그것에 근거 지어진 도덕법칙이 없고, 발생하거나 발생할 수 있는 모든 것이 한낱 자연의 기계론[기제]이라면, 정치는 (인간을 다스리기 위하여 이러한 자연의 기계론[기제]을 이용하는 기술로서) 전적으로 실천적인 지혜이고, 법 개념은 하나의 공허한 사고이다. 그렇지만 사람들이 이러한 법 개념을 정치와 연결시키며, 더욱이 전자가 후자를 제한하는 조건으로까지도 고양시키는 것이 불가피하게 필요하다고 생각한다면, 양자의 일치가능성은 인정될 수밖에 없다. 나는 이제 한 **도덕적 정치가**moralischen Politiker를, 즉 정치술의 원리들을 도덕과 함께 존속할 수 있다고 여기는 정치가를 염두에 둘 수는 있지만, **정치적 도덕가**politischen Moralisten를 생각하는 것은 아니다. 이러한 사람은 하나의 도덕을 그것이 [고위]정치인 Staatsmann의 이득에 유리하다고 여기는 것과 같이 자기에 맞게 단조한다.

도덕적 정치가는 다음의 것을 원칙으로 삼을 것이다. 일단 방지할 수 없었던 국가헌정체제 또는 국제관계에서의 결함들이 마주치게 될 경우, 무엇보다도 국가통수권자들에게 있어서는 어떻게 그 결함들이 가능한 한 빨리 개선될 수 있고, 마치 이성의 이념 속에 견본으로 우리 눈앞에 있는 것인 양 생각되는 자연법에 적합하게 만들어질 수 있는지를 숙고하는 것이 의무라고 한다면: 그것은 또한 그들의 이기심에 희생을 치르게 할 것이다. 이제 하나의 더 나은 헌정체제가 제자리에 들어설 준비가 되기도 전에 국[가시]민적 또는 세계시민적 통일이라는 하나의 유대Band를 파열시키는 것은 여기서 도덕과 일치하는 모든 정치술에 위배되기 때문에: 물론 저 결함이 즉각적이고 급박하게 고쳐져야만 한다고 요구하는 것은 불합리할 것이다; 그러나 (권리법칙들Rechtsgesetzen에 따른 최선의 헌정체제라는) 목적에 대한 지속적인 접근 속에 머무르기 위하여 적어도 하나의 그러한 변경의 필연성의 준칙이 집권자에게 가장 깊숙이 내주한다는 것은 그 집권자에 의해 요구될 수 있다. 한 국가는 비록 그 자신이 더욱이 앞에 놓여 있는 구성[입헌]에 따라 전제적인 **지배 권력**을 소유하고 있다 할지라도 또한 충분히 공화적으로 **통치할** 수 있다. 즉 점진적으로 그 민족이 (바로 마치 물리적[자연적]physische 권력을 소유하고 있는 것인 양) 법칙들의 권위라는 순전히 이념의 영향력을 갖추게

되고, 그에 따라 자신의 고유한 입법(이것은 근원적으로 권리에 근거 지어져 있다)을 위하여 잘 작동하고 있다고 판정될 때까지 말이다. 만약 나쁜 헌정체제에 의해 발생한 **혁명**의 격렬함을 통하여 비합법 적인 방식으로 하나의 합법칙적인 헌정체제를 수립했다고 하더라도 그 민족을 다시 옛 헌정체제로 되돌리는 것은 더 이상 허용될 수 있는 것으로 간주될 필요는 없을 것이다. 비록 그 혁명 동안에 폭력 적이거나 계략적으로 가담한 모든 자가 법으로 반란자의 처벌을 받게 되는 한이 있더라도 말이다. 그러나 대외적인 국제관계에 대하 여 말하자면, 한 국가가 비록 전제적이라 할지라도 자신의 헌정체제 (그러나 외부의 적과의 관계 속에서는 더 강력한 헌정체제)를 내려 놓아야 한다는 것은 그 국가 자신에 의해 요구될 수 없다. 그러한 한에서 그 국가는 다른 국가들에 의해 즉시 잡아먹히게 될 위험에 처하게 된다; 따라서 저 결단에 있어서는 보다 더 나은 시대상황이 올 때까지 그 실행을 연기하는 것이 또한 허용될 수밖에 없다.*

그러므로 전제화하는 (실행에 있어서는 빠져있는) 도덕가들이 국 가정략에 거슬러 (성급하게 취해지거나 칭송된 조처들을 통하여)

● ● ●

* 이것은 부정의와 유착된 공법의 현 상태를 완전한 변혁을 위하여 모든 것이 저절로 무르익든지 또는 평화적인 수단을 통하여 완숙에 가까워질 때까지 고수하도록 내버 려 두는 이성의 허가법칙들Erlaubnisgesetze이다. 왜냐하면 그 어떤 **법적인**, 즉 물론 미미한 정도이기는 하지만 합법적인 헌정체제가 전혀 그러한 헌정체제가 없는 것보 다 나으며, 하나의 **성급한** 개혁은 후자와 같은 (무정부상태의) 운명을 마주할 수도 있기 때문이다.── 그러므로 국가지혜는 사물들이 현재 있는 그 상태에서 공법의 이상에 맞는 개혁들을 의무로 삼을 것이다; 그러나 혁명들을, 즉 자연이 그것을 저절로 초래하는 곳에서, 하나의 보다 더 큰 압제를 미화하기 위하여서가 아니라, 자유의 원리에 근거 지어진 유일하게 지속적인 것으로서 하나의 법칙적인 헌정체제 를 근본적인 개혁을 통하여 성취하도록 하는 자연의 부름으로서 이용할 것이다.

다양하게 위반하는 일이 항상 있을 것이다. 그래서 국가정략은 그럼에도 불구하고 자연에 거스르는 그들의 이러한 위반의 경험을 점차적으로 보다 나은 하나의 궤도에 올려놓아야만 한다; 반면에 도덕화하는 정치가들은 위법적인 국가원리들의 미화를 통하여 이념에 따라, 즉 그 이념이 이성을 지시하는 대로 선을 **행할 능력이** 없는 인간본성이라는 구실 하에 그들에게 있어서만큼은 개선됨을 불가능하게하고 범법을 영속화하는 일이 항상 있을 것이다.

이러한 국가정략가들[37]은 그들이 (자신들의 사적이익을 놓치지 않기 위하여) 현재 지배하는 권력에 맞장구치는 것을 통하여 그저 민족과 어쩌면 전 세계까지도 팔아넘길 것만을 궁리하고 있음으로써 그들이 자랑하는 실천Praxis 대신에 실천방법들Praktiken을 취급한다; 즉 진정한 법률가들이 정치에까지 관여할 때, (**입법**이 아닌 **수작업**에 관한) 그 법률가들의 방식에 따라서 말이다. 왜냐하면 그들의 업무라는 것이 입법자체에 대하여 사변하는 것이 아니라 현재의 나라법의 명령들을 실행하는 것이기 때문에, 그들에게는 지금 현전하는 각각의 법칙적인 헌정체제가 최선의 것일 수밖에 없고, 만일 이것이 상위부서에서 개정된다면, 이젠 그 헌정체제가 언제나 최선의 것일 수밖에 없기 때문이다; 여기에는 그렇다면 모든 것이 그렇게 그 상부에 귀속하는 기계적 질서 속에 있다. 그러나 만일 모든 안장에 대해 적합할 수 있는 이러한 능숙함이 그들에게 하나의 **국가헌정체제**의 원리들에 대해서도 법 개념들에 따라 (따라서 경험적이지 않고 **선험적으로**a priori) 판단할 수 있다는 망상을 심어 준다면; 만일 그들이 **인간**을, 그리고 그 인간으로부터 무엇이 이루어질 수 있는지를 알지도 못하면서 (이것을 위해서는 인간학적 고찰이라는 하나의 보다 더 높은 입장이 요구된다) **인간**을 아는 것 (이것은 물론 기대될 수 있다. 왜냐하면 그들은 많은 사람들과 관계하기 때문이다)에 대하여 잘난 체하며, 이러한 개념들을 가지고서 이성이 지시하는 대로의 국가법과 국제법을 다룬다면: 그들은 이러한 월권을 전횡의 정신을 가지고서밖에 달리 할 수 없다. 그들은 이성의 개념들이 오직 자유의 원리들에 따르는 하나의 합법칙적인 강제를 근거 지어진 것으로 보고자 하는 곳에서도, 즉 이 강제를 통하여 비로소 정당하게 항구적인 하나의 국가헌정체제가 가능한 곳에서도 (전제적despotisch으로 주어진 강제법칙들에 따르는 기계론이라는) 그들의 익숙한 절차를 준수함으로써 월권을 행하는 것이다; 그러한 과제를 자칭 실천가는 저 이념을 지나쳐서 경험적으로, 즉 지금까지 가장 잘 버틴, 그러나 상당부분 위법적인 국가헌정체제가 수립되었었던 경험으로부터 해결할 수 있다고 믿는다.— 이를 위하여 그가 이용하는 준칙들은 (물론 그는 이것들을 알려지도록 놔두지 않지만) 대략 다음과 같은 궤변술적 준칙들에 이르게 된다.

1. **실행하라 그리고 변명하라**_Fac et excusa._ (자국 민족이나 다른 이웃 민족에 대한 국가의 권리[법]를) 독단적으로 취득하기 위한 적절한 기회를 붙잡아라; 그 정당화는 사람들이 먼저 설득력 있는 이유들을 궁리하려 하고 그에 대한 반대이유들이 나올 때까지 우선은 기다려 보고자 할 때보다 **실행 후에** 훨씬 더 쉽고 그럴듯하게 이루어질 것이고 권력[폭력]을 미화시킬 것이다 (특히 전자의 경우에, 즉 상위 권력이 내부적으로 곧바로 입법당국이기도 한 곳에서 사람들은 그 권력에 대해 궤변을 논할 것도 없이 복종할 수밖에 없다). 이러한 뻔뻔함 자체는 실행의 합법성을 내적으로 확신시키는

확실한 외관을 부여하고 **좋은 결말***bonus eventus*[로마신화의 추수와 번영의 신]이라는 신은 나중에 최선의 법정대리인Rechtsvertreter이다.

2. **만일 당신이 조작했다면 부인하라***Si fecisti, nega.* 예를 들어 너의 민족을 절망에 빠뜨리고 반란을 일으키게 할 만큼 네 스스로 저지른 것이 **너의** 죄과라는 것을 부인하라; 오히려 그것은 신민들의 반항의 죄과라고 주장하고, 또는 네가 한 이웃민족을 점령하고 있을 때에도 한 인간이 다른 인간을 폭력적으로 선수 치지 않는다면 분명히 후자가 선수 쳐서 전자를 점령할 것이라고 간주할 수 있는 인간 본성의 죄과라고 주장하라.

3. **분열시켜라 그리고 지배하라***Divide et impera.* 즉: 너의 민족에서 어떤 특권을 지닌 주요인사들, 즉 너를 한낱 그들의 통수권자(**동료들 중 제1인자***primus inter pares*)로 선택한 자들이 있다면 저들을 불화하게 하고 그들을 인민과 갈라놓아라: 이제는 보다 더 큰 자유를 위장하여 인민의 편에 선다면 모든 것이 너의 무제약적인 의지에 복종할 것이다. 혹은 대외국가들이 있다면, 그들 간의 불화를 일으키는 것은 약자를 돕는다는 외견 하에 하나씩 너에게 예속시키는 상당히 확실한 하나의 수단이다.

이제 물론 이러한 정치적 준칙들을 통하여서는 아무도 속지 않을 것이다; 왜냐하면 이미 그것들은 모두다 일반적으로 알려져 있기 때문이다; 또한 그 준칙들로 말미암아 마치 부정의가 너무나도 명백하게 눈에 드러난 것처럼 부끄러워하는 경우도 없다. 그렇다면 거대 권세들은 결코 일반 대중의 판단 앞에서 부끄러워하는 것이 아니라 단지 다른 권세 앞에서 하나의 권세만을 부끄러워하는데, 저 원칙들에 관해서 말하자면, 그렇게 드러나게 되는 것이 그들을 부끄럽게 하는 것이 아니라 단지 그러한 원칙들의 **실패**만이 그들을 부끄럽게 할 수 있기 때문에(왜냐하면 그 준칙의 도덕성에서 볼 때 그들 모두는 서로 일치하기 때문이다), 그들에겐 언제나 그들이 확실하게 신뢰할 수 있는 **정치적** 명예, 즉 어떤 방법으로 획득되든지 간에 **그들의 권세의 확대**라는 정치적 명예만이 남아 있다.*

● ● ●

* 비록 인간적 본성 속에 뿌리박고 있는 어떤 한 사악함, 즉 한 국가 안에 함께 살아가는 **인간들**의 사악함이 아직은 의심되곤 하여, 그 대신에 아직은 그다지 충분히 진보하지 않은 문명Kultur의 결핍(야만성[날것]Rohigkeit)이 몇몇 가상Schein과 더불어 그들의 사고방식의 위법적인 현상들에 대한 원인으로 거론되곤 함에도 불구하고, 그 사악함은 **국가들 상호간**의 대외관계에서 전혀 가려지지 않아서 부인할 수 없이 눈에 띈다. 각 국가의 내부에서 그 사악함은 시민법의 강제를 통하여 베일에 가려져 있다. 왜냐하면 시민들의 상호적인 폭력행위에 대한 경향성에 보다 큰 하나의 권력[폭력], 즉 통치[정부]Regierung의 권력이 강력하게 반작용하기 때문인데, 그래서 전체에 하나의 도덕적 채색(**이유 아닌 이유**causae non causae)을 할 뿐만 아니라, 또한 위법적인 경향성들의 돌출에 빗장이 질러지는 것을 통하여 법에 대한 직접적인 경의Achtung를 위한 도덕적 소질의 전개가 실제로 많이 쉬워지기 때문이다.— 왜냐하면 각각의 한 사람은 이제 **스스로** 그가 확실히 법 개념을 성스럽게 여기고 충실하게 따를 것이라고 믿기 때문인데, 다만 그가 각각의 다른 사람에 대해서 같은 것을 기대할 수 있으며, 그것을 정부가 그에게 부분적으로 보장한다면 말이다. 이를 통하여 이제 도덕성을 **위한** 하나의 큰 발걸음이 (아직은 도덕적 발걸음이 아니라 할지라도) 내디뎌지는바, 도덕성은 보답을 고려하지 않고 그 자체를 위하여서도 이 의무개념에 잘 따르는 것이다.— 그러나 각각의 사람들은 자기 자신에 관해서는 선하게 여기면서도 다른 모든 사람들에 대해서는 악한 성향을 전제하기 때문에, 그들은 서로에 대해 상호적으로 그들의 판단을 말한다. 즉 그들 모두는 **사실**Faktum에 있어서는 거의 타당치 않다(어디로부터 그러한 사실이 오는지는 그럼에도 불구하고 자유로운 존재로서 인간의 **본성**에 죄과를 물을 수 없기 때문에 해명되지 않은 채로 남아 있어야 할 것이다). 그러나 인간이 절대로 벗어날 수 없는 법 개념에 대한 경의마저도 그 법 개념에 맞춰지는 능력의 이론을 가장 엄숙하게 승인하기 때문에, 다른 사람들은 그들이 원하는 대로 행동할지라도 각각의 한 사람은 자신의 측면에서 저 법 개념에 따라 행위하지 않으면 안 된다는 것을 알고 있다.

    자연 상태라는 호전적인 상태로부터 인간들 사이의 평화 상태를 만들어내는 이 모든 비도덕적인 처세술의 뱀 같은 유연함으로부터 적어도 다음과 같은 사실이 밝혀진다: 인간들은 그들의 공적관계에서와 거의 마찬가지로 사적관계에서도 법 개념에서 벗어날 수 없어서 정치를 공적으로 한낱 영리함의 수법에 근거지우는 일, 따라서 공법의 개념에 모든 복종에 대한 해약을 고지하는 일(이러한 일은 특히 국제법의 개념 속에서 두드러진다)을 감히 저지를 수 없고, 오히려 그들은 실천에 있어서 법 개념을 회피하고 영리한 권력에다 모든 법의 근원과 결합Verband이라는 권위를 날조하기 위하여 수백 가지 핑계와 변명을 생각해낼 때조차도 법 개념 그 자체에 모든 마땅한 명예가 돌아가게 한다는 것이다.— 이러한 궤변에 (비록 그 궤변을 통하여 미화된 부정의에는 아니지만) 종지부를 찍기 위하여, 그리고 지구의 열강들의 거짓 **대리인들**로 하여금 그들이 법이 아니라 권력에 유리하게 말하며, 이때 그 권력에 의해 마치 그들 스스로 명령하는 무엇을 가진 것처럼 어조를 취한다고 자백하게 하기 위하여서는 사람들이 자기와 타자를 기만하는 환상을 걷어내고, 영원한 평화의 의도가 근거로 삼는 최상의 원리를 찾아내어 다음의 사실을 보여주는 것이 좋을 것이다: 즉 영원한 평화에 방해가 되는 모든 악은 다음과 같은 것으로부터 일어난다. 즉 정치적 도덕가는 도덕적 정치가라면 마땅히 끝마치는 곳에서 시작한다는 것, 그래서 그가 원칙들을 목적 하에 예속시킴으로써 (즉 말을 마차 뒤에 맴으로써) 정치를 도덕과 일치시키려는 그 자신의 의도를 물거품으로 만든다는 것 말이다.

실천철학을 그 자신과 일치시키기 위하여서는 최우선적으로 다음과 같은 문제를 결정하는 것이 필요하다: 실천이성의 과제들에 있어서 실천이성의 **실질적 원리**, 즉 (자의의 대상으로서) 목적에 의해서 시작이 이루어져야만 하는지, 아니면 **형식적 원리**, 즉 다음과 같은 원리(순전히 외적인 관계에서의 자유 위에 세워진 원리)에 의해 시작이 이루어져야만 하는지의 문제, 말하자면: 네가 의욕할 수 있는 것을 (목적이 무엇이든 간에) 너의 준칙이 하나의 보편적 법칙이 되도록 행위하라.

모든 의심 없이 후자의 원리가 선행할 수밖에 없다; 왜냐하면 그 원리는 법의 원리로서 무제약적인 필연성을 가지며, 그 대신에 전자는 앞서 정한 목적이라는 경험적인 조건들의 전제 하에서만, 즉 그 목적의 실행의 전제 하에서만 강제성이 있기 때문이다. 그리고 만일 이러한 목적(예를 들어 영원한 평화)이 의무이기도 하다면, 이 의무 자체는 외적으로 준칙들의 형식적인 원리로부터 도출되어 있어야만 할 것이다.── 이제 첫 번째 원리, 즉 **정치적 도덕가**의 원리 (국가법, 국제법 그리고 세계시민법의 문제)는 한낱 하나의 **기술과제**(*problema technicum*)이다; 그에 반하여 도덕적 정치가의 원리로서 두 번째 원리는 그 자체에 하나의 **윤리적 과제**(*problema morale*)를 지니고 있는데, 이제 사람들이 자연적physisches 선으로서 뿐만 아니라 의무를 인정하는 것으로부터 유래하는 하나의 상태로서도 소망하는 영원한 평화를 초래하기 위한 그 절차에 있어서 다른 원리로부터 하늘의 넓이만큼 구별된다.

첫 번째 문제, 즉 국가-정략문제의 해결을 위하여 자연의 기계론 [기제]을 이미 생각한 목적에 이용할 만큼 많이 자연에 대한 지식이 요구되고, 더군다나 이 모든 것은 그 문제해결의 결과와 관련하여 불확실한데, 즉 영원한 평화와 관련하여 사람들이 이젠 공법의 세 부문들 중 어느 한 부문을 취해야 할 것인지 아니면 다른 한 부문을 취해야 할 것인지도 불확실하다. 순종적이면서 동시에 융성한 민족이 엄격함을 통하여서, 아니면 허영의 미끼를 통하여서, 또는 하나의 유일한 최고 권력을 통하여서, 아니면 다수의 수장들의 통일을 통하여 서, 어쩌면 단지 한 공직귀족을 통하여서도, 아니면 인민권력을 통하여서 내부적으로 더 낫게, 그리고 더욱이 오랜 시간 동안 유지될 수 있는지는 불확실하다. 사람들은 모든 통치방식들에 관한 (그러나 유일하게 진정한 공화적 통치방식은 한 도덕적 정치가에게만 의미가 있을 수 있으므로 제외하고) 역사 속에서의 반대의 사례들을 갖고 있다. 소위 정부부처의 계획들에 따른 규약들 위에 수립된 하나의 **국제법**은 더욱 더 불확실한데, 그 국제법은 실제로는 단지 실질 없는 하나의 낱말일 뿐이고 계약들, 즉 체결하는 그 행위 속에 동시에 그것들을 위반하는 비밀 유보조항을 포함하는 계약들에 기인한다.— 그에 반하여 두 번째 문제, 즉 **국가지혜의 문제**Staatsweisheitsproblem의 해결은 말하자면 저절로 떠오르며, 모든 사람에게 명백하고 모든 인위적 작위를 무익하게 만드는데, 거기서 바로 목적에로 이끈다: 그렇지만 그러한 해결은 영리함을 주의하여 그 목적을 성급하게 권력을 가지고 끌어오는 것이 아니라, 적절한 상황들의 성질에 따라 끊임없이 그 목적에 접근하는 것이다.

그렇다면 그것은 여기서 다음과 같은 것을 말한다: "무엇보다도 순수한 실천이성의 왕국과 그 왕국의 **정의**를 위하여 노력한다면, 너희에게 너희의 목적 (영원한 평화의 안식)이 저절로 이루어질 것이다." 왜냐하면 도덕은 다음과 같은 고유한 것을 그 자체에 갖고 있기 때문인데, 특히 공법에 대한 그 자신의 원칙들에서 볼 때 (따라서 하나의 **선험적으로** 인식할 수 있는 정치와 관련하여서) 그렇다. 즉 도덕이 미리 정해진 목적, 즉 그것이 물리적[자연적] 이득이든 윤리적 이득이든 간에 의도한 목적에 행동을 보다 덜 예속시킬수록, 도덕은 그럼에도 불구하고 일반적으로 더더욱 이러한 목적에 합치한다; 이러한 것은 바로 **선험적으로** (한 민족 안에 또는 상이한 민족들 서로간의 관계 속에) 주어진 보편적 의지가 있기 때문이며, 오로지 이 보편적 의지만이 인간들 가운데 정당한 것이 무엇인지를 규정하기 때문에 그렇다; 그러나 모든 이들의 의지의 이러한 통일은 그 수행에 있어서 수미일관하게 절차를 밟게 되기만 한다면, 또한 자연의 기계론[기제]에 따르는 것일 수도 있고 동시에 목적한 결과를 산출하고 법 개념에 효력을 발휘하는 원인일 수 있다.— 그래서 예를 들어 다음과 같은 것은 도덕적 정치의 한 원칙이다: 하나의 민족은 자유와 평등이라는 통일적인alleinig 법 개념들에 따라 하나의 국가로 통일되어야 하고, 이러한 원리는 영리함이 아니라 의무에 근거 지어져 있다. 이제 이와 반대로 정치적 도덕가들이 한 사회를 이루고 있는 인간 무리의 자연기제에 대하여 이 자연기제가 저 원칙들을 무기력하게 해서 그 원칙들의 의도를 물거품으로 만들어 버릴 것이라고 궤변을 늘어놓거나 또한 고대와 근대의 나쁘게 조직된 헌정체제의 사례들을 통하여 (예를 들어 대의제 없는 민주정체들에 의하여) 그들의 주장을 반대로 입증하고자 할지라도, 그들은 들을 귀를 얻지 못한다; 왜냐하면 무엇보다도 하나의 그러한 부패하기 쉬운 이론은 그 이론이 예측하는 해악을 확실히 스스로에게도 초래하기 때문인데, 그 이론에 따르면 인간은 나머지 살아있는 기계들과 같은 한 부류가 되며, 그러한 기계들에는 단지 그 기계들을 그들 자신의 판단 속에서 모든 세계존재자들 가운데 가장 비참한 존재들로 만들 만큼, 그들이 자유로운 존재가 아니라는 의식만이 내주하게 될 것이기 때문이다.

어느 정도는 호언장담처럼 들리면서 격언처럼 돌아다니게 되었지만, 참된 명제: *fiat iustitia, pereat mundus*,[38] 이것을 독일어로 하면: "정의여 지배하라, 그로 인해 세계의 악한들이 또한 모두 다 몰락할 것이다"는 하나의 강직한 법의 원칙이며, 간계 또는 권력을 통하여 왜곡된 모든 방법들을 잘라내는 법의 원칙이다; 다만 그 원칙은 오해되는 것이 아니라, 이를테면 그 원칙의 고유한 법[권리]을 최대한 엄격하게 이용하도록 허용하는 것(이것은 윤리적 의무에 충돌할 것이다)으로 오해되는 것이 아니라, 어느 누구에게도 타자에 대한 혐오나 동정으로부터 그의 권리를 거부하거나 축소하지 않도록 집권자들을 구속하는 것으로서 이해된다는 것이다; 이것을 위하여 우선적으로 순수한 법의 원리들에 따라 수립된 국가의 내부적인 헌정체제가 요구되지만, 또한 그 다음으로 그 헌정체제가 그 국가의 다른 이웃한 국가들이나 멀리 떨어져 있는 국가들과의 통일에 있어서 그들의 분쟁거리들에 대한 (한 보편적 국가에 유비적인) 하나의 법칙적인 조정을 위하여 요구된다.— 이러한 명제는 다음과 같은 것 외에 다른 어떤 것도 의미하지 않는다: 정치적 준칙들은 그 준칙들을 따르는 것에 의해 기대될 수 있는 국가의 안녕과 행복으로부터가 아니라, 따라서 각각의 국가가 그와 같은 것을 대상으로 삼는 목적으로부터 (의욕함으로부터), 즉 국가지혜의 최상의 (그러나 경험적인) 원리로부터가 아니라, 그 물리적[자연적]인 귀결이 어떻든지 간에 법의 의무라는 순수한 개념으로부터 (그 원리가 순수이성을 통하여 **선험적으로** 주어져 있는 당위로부터) 나와야만 한다. 세계는 결코 악한 사람이 적어지는 것을 통하여 몰락하지 않을 것이다. 도덕적인 악은 그 본성으로부터 떼어낼 수 없는 특성을 갖는바, 그 악은 그 의도들에서 (특히 같은 마음을 가진 타자들과의 관계에서) 스스로에 배치되고 자기 파괴적이어서, 비록 느린 진보를 통하여서이긴 하지만 선의 (도덕적) 원리에 자리를 내준다.

*　*　*

　　그러므로 **객관적으로**(이론에 있어서)는 도덕과 정치 사이에 전혀 싸움이 없다. 그에 반하여 **주관적으로** (인간의 이기적인 성벽에 있어서, 그러나 그 성벽은 그것이 이성의 준칙들에 근거하고 있지 않기 때문에 아직 실천이라 불릴 수 없다) 그 싸움은 언제나 남아 있을 것이고 남아 있어야 할 것이다. 왜냐하면 그 싸움은 덕의 숫돌로 역할을 하기 때문인데, 그 덕의 참된 용기는 (다음과 같은 원칙에 따라: **악행에 대해 물러서지 말고 그러한 만큼 더욱 더 대범하게 저지하라**: *tu ne cede malis, sed contra audentior ito*[39]) 현재의 경우에 있어서는 이때 감수해야만 하는 해악들과 희생들에 굳은 결심으로 맞서는 데에 있을 뿐만 아니라, 우리 자신 속에 있는 훨씬 더 위험한 위선적이고 배신자 같으면서도 궤변적인, 즉 모든 위반을 정당화하기 위해 인간 본성의 유약함을 위장하는 악한 원리에 맞서 그 간계를 물리치는 데에 있다.

실제로 정치적 도덕가는 다음과 같이 말할 수 있다: 통치자와 인민, 또는 민족과 민족은 비록 그들이 일반적으로 유일하게 평화를 영원히 근거 지을 수 있는 법 개념에 모든 경의를 거부하는 점에서 부당하게 행하는 것임에도 불구하고, 그들이 폭력적이거나 기만적으로 서로 반목할 때 **서로 간에** 부당하게 행하는 것이 아니라고 한다. 왜냐하면 한 사람이 타자에 대한 자신의 의무를 위반하고 바로 그 타자도 마찬가지로 저 사람에 대해 위법적으로 의도하고 있으므로 그들이 서로 마찰할 때 그것은 그들 쌍방 간에 지극히 당연하게 **발생하는** 것이기 때문이다. 그래서 이러한 놀이를 가장 요원한 시대에까지 중단시키지 못할 정도로 이러한 종자Rasse는 계속해서 충분히 남아있으며, 이로써 나중에 후손들은 그들에게서 언젠가는 하나의 경종을 울리는 사례를 취하게 된다. 여기서 세계의 운행 속에서의 섭리가 정당화된다; 왜냐하면 도덕적 원리는 인간 속에서 결코 소멸하지 않으며, 실용적으로 저 원리에 따라 법적인 이념들의 실행을 위하여 작동하는 이성은 그 실행을 위하여 언제나 진보하는 문명을 통하여, 그러나 그와 더불어 또한 저 위반들의 죄과를 통하여서도 지속적으로 성장하기 때문이다. 오로지 창조만은: 즉 부패한 존재 일반의 그러한 타격이 지구상에 있어 왔다는 것은 신정론Theodizee을 통하여 정당화될 수 없는 것처럼 보인다(만일 우리가 인간종의 상태는 결코 더 나아지지도, 나아질 수도 없다는 것을 가정한다면 말이다); 그러나 우리에게 있어서 이러한 판정의 입장은 우리가 우리에게 불가해한 최상의 권력에 대한 (지혜에 관한) 우리의 개념들을 이론적 견지에서 해석할 수 있기에는 너무 높다.── 그러한 절망적인 귀결들에로 우리는 불가피하게 내몰리게 되는바, 만일 우리가 순수한 법의 원리들이 객관적 실재성을 갖는다는 것, 즉 그 법의 원리들이 실행된다는 것; 그리고 그 법의 원리들에 따라서 또한 국가에서의 인민의 측면에 의해, 그리고 나아가 국가들 상호간의 측면에 의해 행해져야만 한다는 것을 상정하지 않는다면 말이다; 비록 경험적 정치가 무엇이든지 그러한 것에 대해 반대할지라도 말이다. 그러므로 참된 정치는 먼저 도덕에 경의를 표하지 않고서는 한 걸음도 나아갈 수 없고, 물론 정치가 그 자체로 하나의 어려운 기술이긴 하지만, 그렇다고 해서 정치와 도덕의 통일이 결코 기술은 아니다; 왜냐하면 양자가 서로 충돌하자마자 도덕은 정치가 풀 수 없는 매듭을 풀 수 있기 때문이다.── 인간의 권리는 그것이 지배 권력에게 매우 거대한 희생을 치르게 할지라도 신성하게 지켜져야만 한다. 사람들은 여기서 반으로 나누어 (법과 유익 사이의) 하나의 실용적으로-제약된 법이라는 중간적인 것을 고안해 낼 수 있는 것이 아니라, 모든 정치는 법 앞에 무릎을 꿇어야만 하며, 비록 느리긴 하지만 그 정치가 항구적으로 빛나게 될 단계에 도달하게 될 것으로 희망할 수 있다.

II. 공법의 초월론적transzendental 개념에 따른 도덕과 정치의 일치에 관하여 만일 내가 공법의 모든 **재료**Materie로부터 (국가 안에서의 사람들이나 국가들 간의 경험적으로-주어진 관계들에 따라서) 보통 법학교수들이 생각하는 것처럼 추상할 때, 나에겐 여전히 **공중성**Publizität **의 형식**이 남아 있으며, 각각의 법적요구[권리주장]는 그러한 형식의 가능성을 그 자신 속에 포함한다. 왜냐하면 그러한 형식 없이는 (**공적으로 알려질 수 있는 것**으로서만 생각될 수 있는) 정의도 없을 것이며, 따라서 또한 그 정의에 의해서만 수여되는 법[권리]도 없을 것이기 때문이다.

이러한 공중성의 역량Fähigkeit을 각각의 법적요구는 가지고 있을 수밖에 없고, 그리하여 그러한 역량은, 그것이 어떤 한 발생한 경우에 있어서 발휘되는지, 즉 그것이 행위자의 원칙들과 통일될 수 있는지 또는 그렇지 않은지가 아주 쉽게 판정될 수 있기 때문에, 쉽게 사용할 수 있는 기준, 즉 **선험적으로** 이성 속에서 만날 수 있는 기준을 제출할 수 있는바, 이 후자의 경우에는 말하자면 의도된 요구(**법적 요구**praetensio iuris)의 거짓(위법성)을 순수 이성의 실험을 통하여 즉시 인식할 수 있는 기준을 제출할 수 있다.

모든 경험적인 것, 즉 국가법과 국제법의 개념이 포함하고 있는 것(강제를 필연적이게 하는 인간본성의 사악함 같은 것)으로부터 하나의 그러한 추상 후에 사람들은 다음의 명제를 공법의 **초월론적 정식**이라 명명할 수 있다:

"다른 인간의 권리에 관련되면서 그 준칙이 공중성과 맞지 않는 모든 행위들은 부당하다."

이러한 원리는 **윤리학적인**ethisch 것으로서 (덕론에 속하는 것으로서)뿐만 아니라 **법률적인** 것으로서도 (인간의 권리에 상관하는 것으로서) 간주될 수 있다. 왜냐하면 내가 **알려지게** 해서는 안 되며, 그것을 통하여 내 자신의 의도가 동시에 물거품이 되지 않으며, 그 의도가 성공해야 한다면 철저히 **비밀에 붙여**져야만 하고, 그 의도를 위해 내가 **공적으로 고백**할 수 없으며, 그를 통하여 불가피하게 나의 결심에 대한 모든 사람들의 저항이 부추겨지지 않는 하나의 준칙은 나에 대한 모든 사람들의 이러한 필연적이고 보편적인, 따라서 **선험적으로** 알아차릴 수 있는 반대공작을 모든 사람을 위협하는 그 준칙의 부정의에 의해서 외에 그 어떤 다른 것에 의해서도 가질 수 없기 때문이다.— 그 원리는 더 나아가 한낱 **부정적일** 뿐이다. 즉 그 원리는 단지 타자에 대해 **정당하지 않은** 것을 매개로 인식하기 위해서만 이용된다.— 그 원리는 공리처럼 증명할 필요 없이-확실하고 공법의 다음의 사례들로부터 알려질 수 있는 것과 같은 것에 대해 쉽게 적용될 수 있다.

1. **국가법**(ius civitatis), 즉 대내법**에 관련하여**: 이 국가법에는 많은 사람들이 대답하기 어렵다고 여기고, 공중성의 초월론적 원리가 아주 쉽게 해결하는 물음이 나타난다: "반란은 인민에게 있어서 소위 전제군주[폭군]Tyrann(**단지 이름만이 아니라 실제로 그렇게 행하는 자**non titulo, sed exercitio talis)의 억압적인 권력을 벗어던지기 위한 합법적인 수단인가?" 인민의 권리들은 모욕당하고, 그(전제군주)에게는 폐위를 통하여 어떠한 부당함도 발생하지 않는다; 그것에 대해선 의심의 여지가 없다. 그럼에도 불구하고 신민들이 이러한 방식으

로 그들의 권리를 찾는 것은 그들의 측면에서 최고로 부당하다. 그리고 만일 그들이 이러한 싸움에서 지고, 그래서 나중에 가장 혹독한 형벌을 견뎌내야만 할 때에도 마찬가지로 그들은 부정의에 대해 거의 원망할 수 없다.

이제 여기서 만일 사람들이 그것[권리를 찾는 것]을 법적 근거들에 대한 독단적dogmatische 연역을 통하여 해결하려 한다면 많은 것이 찬성과 반대의 궤변으로 논란될 수 있다; 오로지 공법의 공중성이라는 초월론적 원리만이 이러한 방만함을 면할 수 있다. 이러한 원리에 따라 인민은 시민적 계약을 작성하기에 앞서 적당한 기회에 반란을 일으키려는 결의의 준칙을 공적으로 고지하는 것이 감행되어야 할지를 스스로 묻게 된다. 만일 사람들이 국가헌정체제를 설립함에 있어서 어떤 경우들에 따라서는 통수권자에 대해 [공]권력 Gewalt을 행사하는 것을 조건으로 삼고자 한다면, 인민은 저 통수권자에 대한 합법적인 권세Macht를 스스로 취할 수밖에 없을 것이라는 사실을 쉽게 알아차릴 수 있다. 그렇다면 저 통수권자가 통수권자가 아니라면, 또는 양자가 국가수립의 조건으로 삼아진다면, 어떠한 국가수립도 가능하지 않을 것인데, 비록 그것이 인민의 의도였다 할지라도 말이다. 그러므로 반란의 부당함은 그 반란의 준칙이 **그것을 공적으로 고백했다**는 것을 통하여 인민 자신의 의도를 불가능하게 만들어 버릴 것이라는 사실을 통하여 밝혀진다. 그러므로 사람들은 그 반란의 준칙을 필연적으로 비밀에 붙일 수밖에 없을 것이다. —— 그러나 이 마지막의 것은 바로 국가통수권자의 측면에서는 필연적이지 않을 것이다. 그는 그가 모든 반란을 주모자들의 죽음으로 처벌할 것이라고 자유롭게 발설할 수 있다. 물론 이 주모자들이 항상 그가 먼저 그의 측면에서 근본법칙을 위반하였다고 믿고 있을지라도 말이다; 왜냐하면 만일 그가 **저항할 수 없는** 최고 권력을 소유하고 있다는 것을 의식하고 있다면 (그것은 시민적 헌정체제에서도 또한 그렇게 상정되어야만 한다. 왜냐하면 인민들 각각의 한 사람을 타자에 대해 보호하는 권세를 충분히 갖고 있지 않은 자는 또한 그 한 사람에게도 명령할 권리를 갖고 있지 않기 때문이다), 그는 자신의 준칙이 알려지는 것을 통하여 그 자신의 의도가 물거품이 될 것을 염려해서는 안 되기 때문인데, 이러한 것은 또한 다음과 같은 사실과 아주 잘 연관되어 있다. 즉 만일 반란이 인민에게 성공한다면, 저 통수권자는 신민의 자리로 되돌아갈 수밖에 없을 뿐만 아니라 어떠한 회복반란도 일으킬 수 없을 것이지만, 또한 그의 이전의 국가통솔 때문에 책임이 물어질 것을 두려워할 필요도 없을 것이다.

  2. **국제법에 관련하여.**── 그 어떤 법적인 상태의 전제 하에서만 (즉 인간에게 하나의 권리가 실제로 부여될 수 있는 외적인 조건의 전제 하에서만) 하나의 국제법에 관하여 이야기될 수 있다. 왜냐하면 그 국제법은 하나의 공법으로서 모두에게 그 자신의 것을 규정하는 한 보편적 의지의 공표Publikation를 이미 그 개념 속에 포함하고 있기 때문이다. 그리고 이러한 **법적상태**status juridicus는 그 어떤 계약으로부터 기인해야만 하는바, 그 계약은 바로 (그로부터 하나의 국가가 발생하는 계약과 같이) 강제법칙들에 근거 지어져 있을 필요는 없고, 어떠한 경우든지 간에 위에서 언급한 상이한 국가들의 연방성Föderalität의 계약과 같은 하나의 **항구적으로-자유로운 연합**fortwährend-freien Assoziation의 계약일 수 있다. 왜냐하면 그 어떤 **법적인 상태**, 즉 상이한 (물리적[자연

적]인physische 또는 도덕적인) 인격들을 실행적으로 결합하는 상태 없이는, 따라서 자연 상태에서는 한낱 사법Privatrecht 외에 다른 어떤 법도 있을 수 없기 때문이다.— 이제 여기서 또한 도덕과 (이것을 법론으로 간주하여) 정치의 싸움이 들어서지만, 그곳에 준칙들의 공중성이라는 저 기준은 마찬가지로 그 자신의 손쉬운 적용을 발견하는데, 다음과 같은 경우에만 그렇다: 즉 계약은 단지 다른 국가들에 대해서 서로 함께 평화 속에 자신을 유지하려는 의도에서만 국가들을 연합하는 것이지, 결코 국가들을 획득하기 위하여 연합하는 것은 아니다.— 이제 여기서 정치와 도덕 사이에 다음과 같은 이율배반의 경우들이 나타나는데, 그것과 더불어 동시에 그 이율배반의 해결책이 결합된다.

a) "만일 이러한 국가들 중 한 국가가 다른 국가에 어떤 무엇을 약속했을 때: 그것이 원조수행이든 특정 지방들의 이양이든 또는 전비지원들과 같은 것이든 간에, 그 국가는 그 자신의 복지가 달려있는 한 경우에 그 국가가 이중적 인격체로 간주되는 경향이 있다는 것을 통하여 그 약속을 철회할 수 있을지가 물어지는데, 즉 첫째로는 **주권자**Souverän로서, 왜냐하면 그는 자신의 국가 안에 있는 어느 누구에 대해서도 책임이 없기 때문에; 그러나 그 다음에는 다시금 국가에 대해 책임을 질 수밖에 없는 단지 최고위 **국가 관료**로서 말이다: 그렇다면 여기서 결론은 어떤 무엇을 위하여 그가 첫 번째 성질에서는 책무로 만들었던 것으로부터 두 번째 성질에서는 면제된다는 것이다."— 그러나 만일 이제 한 국가(또는 그 통수권자)가 이러한 자신의 준칙들을 알려지게 내버려둔다면, 자연히 다른 모든 국가들은 그 국가를 멀리하거나 그 국가의 오만불손에 저항하기

위하여 다른 국가들과 통합할 것이며, 이러한 것은 약삭빠름으로 무장된 정치가 이러한 (공개성Offenheit) 기반 위에서는 그 목적 자체를 물거품으로 만들 수밖에 없다는 것, 따라서 저 준칙이 부당할 수밖에 없다는 것을 증명한다.

b) "만일 두려울 정도의 크기(**무서운 잠재력**potentia tremenda)로까지 성장한 이웃하고 있는 한 권세가 염려를 일으킬 때: 사람들은 그 권세가 **할 수 있기** 때문에, 또한 억압**하고자** 할 것이라고 상정할 수 있는가? 그리고 그것은 약소국들에게 사전에 저질러진 모욕행위 없이도 그 권세에 대한 (통합된) 공격을 위한 권리를 주는가?"— 여기서 자신의 준칙을 단언하면서 **알려지게** 하려는 한 국가는 그 해악을 더욱 더 확실하고 빠르게 초래할 것이다. 왜냐하면 보다 큰 권세는 보다 작은 권세들에 선수 칠 것이고, 후자의 권세들의 통합에 관해서 말하자면, 그것은 **분열시켜라 그리고 지배하라**는 것을 이용할 줄 아는 국가에 대해서는 그저 허약한 갈대 지팡이일 뿐이기 때문이다.— 그러므로 이러한 국가정략의 준칙은 공적으로 선언되어 필연적으로 그 자신의 의도를 물거품으로 만들며, 따라서 이 준칙은 부당하다.

c) "만일 한 약소국이 자신의 위치를 통하여 한 강대국과의 관계를, 그러나 이 강대국에게는 자신의 유지를 위하여 필요한 관계를 끊을 때, 이 강대국은 저 약소국을 예속시켜서 자신의 것으로 합병할 권리는 없는가?" 사람들은 그 강대국이 하나의 그러한 준칙을 당연히 미리 알려지게 하지는 않을 것임을 쉽게 알 수 있다; 왜냐하면 약소국가들이 조기에 통합을 하든지, 아니면 다른 열강들이 이러한 먹잇감을 놓고 다툴 것이기 때문이다. 따라서 그 준칙은 그 공개성을

통하여 스스로 실행할 수 없게 만든다; 그것은 그 준칙이 부당하고 더군다나 매우 높은 수준에서 그럴 수 있다는 하나의 징표이다; 왜냐하면 하나의 작은 부정의의 객체는 그것에서 증명된 부정의가 매우 크다는 것을 막지 못하기 때문이다.

3. **세계시민법에 관련하여**: 여기에서 나는 침묵함으로 넘어간다. 왜냐하면 국제법과의 유사함 때문에 세계시민법의 준칙들이 쉽게 제시될 수 있고 인정될 수 있기 때문이다.

*　　*　　*

사람들은 여기서 이제 공중성과 국제법의 준칙들의 화해불가능성의 원리에서 (법론으로서) 도덕과 정치의 **불일치**에 대한 하나의 좋은 인식표를 갖는다. 그러나 이제 사람들은 또한 도대체 어떤 것이 그 공중성의 준칙을 민족들의 권리와 일치하게 하는 조건인지 가르쳐질 필요가 있다. 왜냐하면 그것은 역으로 다음과 같이 추론될 수 없기 때문이다: 즉 공중성을 받아들이는 그러한 준칙들이 결정된 최고 권력을 가진 자가 자신의 준칙을 숨길 필요가 없다는 것 때문에 또한 정당하다는 것.— 어떤 한 국제법 일반의 가능성의 조건은 다음과 같다: 최우선적으로 하나의 **법적인 상태**가 실제로 있다는 것이다. 왜냐하면 이러한 상태 없이는 어떠한 공법도 없고, 사람들이 그 공법 외에 생각할 수 있는 모든 법은 한낱 사법뿐이기 때문이다. 이제 우리는 위에서 다음과 같은 것을 보았다: 순전히 전쟁의 제거를 의도로 갖는 국가들의 어떤 한 연방적 상태가 유일하게 그 국가들의 **자유**와 일치할 수 있는 **법적인** 상태라는 것이다. 그러므로 도덕과 정치의 합치는 하나의 연방적인 연합Verein (그러므로 이 연합은 법의 원리들에 따라 **선험적으로** 주어지고 필연적이다) 속에서만 가능하고 모든 국가정략은 법적인 토대를 위하여 최대로 가능한 범위 내에서 전자[도덕과 정치의 합치]를 이룩해야 하는데, 그러한 목적 없이 정치의 모든 궤변은 어리석음이고 은폐된 부정의이다.— 그래서 이러한 사이비정치Afterpolitik는 최고의 예수회학교 못지않은 자신의 **결의법**Kasuistik을 갖고 있다;— **심중유보**_reservatio mentalis_: 이것은 사람들이 경우에 따라 자신의 이득을 위하여 원하는 대로 해석할 수 있는 표현들을 가진 공적인 계약들의 작성 속에 들어 있다(예를 들어 **사실의 현 상태와 올바른**[법적인] **상태**_status quo de fait und de droit_의 차이);— **개연론**_Probabilismus_[40]: 이것은 다른 국가들에게서의 악한 의도들을 날조해내거나 또는 그 국가들의 가능한 우세함의 개연성을 다른 평화적인 국가들을 매장할 법적 근거로 삼는다;— 마지막으로 **철학적 죄**_peccatum philosophicum_(작은 죄, **사소함**_peccatillum, baggatelle_): 이것은 훨씬 **더 큰** 국가가 한 **작은** 국가를 집어삼키는 것으로서, 그러한 일을 쉽게 용서받을 수 있는 하나의 사소한 것으로 여김으로써 소위 보다 더 큰 세계최고Weltbesten를 위하여 획득할 때를 말한다.*

● ● ●

* 이러한 준칙에 대한 전거를 가르베[41] 교수의 논문: 「정치와 도덕의 결합에 대하여」 (1788)에서 만날 수 있다. 이 품위 있는 학자는 바로 첫머리에 이 문제에 대한 만족스러운 답을 줄 수 없다고 고백한다. 그러나 정치와 도덕의 결합을 그것에 반대하여 일어나는 이의제기들을 완전히 해결할 수는 없다고 하는 고백에도 불구하고 좋다고

이를 위하여 도덕과 관련하여 그 도덕의 한 부분이나 다른 부분을 자신의 의도를 위하여 이용하는 정치의 이중적 혀 놀림이 선동한다. ― 인간애와 인간의 **권리**에 대한 존중, 양자는 의무이다; 그러나 저것[인간애]은 단지 **제약적** 의무인 데 반해, 이것은 **무제약적** 의무이며, 이것은 선행의 달콤한 감정에 스스로를 내맡기고자 하는 사람들이 위반해서는 안 되도록 철저하게 보장해야만 하는 의무이다. 정치는 인간의 권리를 윗사람들에게 팔아넘기기 위하여 첫 번째 의미에서의 (윤리학으로서) 도덕과 합의한다: 그러나 두 번째 의미에서의 (법론으로서) 도덕, 즉 정치가 그 앞에서 무릎을 꿇을 수밖에 없을 도덕과 관련하여서 정치는 전혀 계약에 응하지 않으며, 오히려 그 도덕에서 모든 실재성을 부정하고 모든 의무들을 단순한 호의로 해석하는 것이 권고할 만하다고 생각한다; 그렇지만 빛을 싫어하는 정치의 그러한 간계는 철학에 의해 저 정치의 준칙들의 공중성을 통하여 쉽게 물거품이 될 것인데, 만일 저 정치가 단지 철학자에게 자신의 준칙들의 공중성을 승인하게 하는 것을 감행하려고만 한다면 말이다.

이러한 견지에서 나는 하나의 다른 초월론적이고 긍정하는 공법의 원리를 제안하는바, 그 정식은 다음과 같을 것이다:

"(그 자신의 목적을 놓치지 않기 위하여) 공중성을 **필요로 하는** 모든 준칙들은 법과 정치에 통일적으로 합치한다."

• • •

말하는 것은 그러한 결합을 악용하는 경향이 매우 심한 사람들에 대해 그 잘못을 인정하라고 잘 권고하는 것보다도 더 큰 관용인 것처럼 보인다.

왜냐하면 만일 준칙들이 단지 공중성을 통하여서만 자신의 목적에 도달할 수 있다면, 그 준칙들은 공중Publikum의 보편적 목적 (행복)에 맞아야만 하며, 그러한 목적과 합치하는 것(공중의 상태를 만족시키는 것)이 정치의 본래적인 과제이기 때문이다. 그러나 만일 이러한 목적이 **단지** 공중성, 즉 공중성의 준칙들에 대한 모든 불신의 제거를 통하여서만 도달될 수 있어야 한다면, 이러한 준칙들은 또한 공중의 법[권리]과도 일치하고 있어야만 한다; 왜냐하면 이러한 공중의 법에서만 모든 사람들의 목적의 통일이 가능하기 때문이다.— 나는 이러한 원리에 대한 더 이상의 수행과 논의를 다른 기회로 미룰 수밖에 없다; 다만 그 원리가 하나의 초월론적 정식이라는 것은 법칙의 재료로서 모든 경험적 조건들(행복론)을 제거하는 것과 그저 보편적 합법칙성의 형식을 고려하는 것만으로 알 수 있다.

*   *   *

만일 한 공법의 상태를 현실화하는 것, 비록 그것이 단지 하나의 무한히 진행하는 접근 속에 있는 것이라 할지라도, 그것이 의무이고, 동시에 거기에 근거지어진 희망이 있다면, 지금까지 잘못 불려온 평화조약들(본래는 휴전들)에 뒤따르는 **영원한 평화**는 공허한 이념이 아니라 점진적으로 해결되는 하나의 과제, 즉 (그와 같은 진보가 발생하는 시간들이 희망컨대 점점 짧아질 것이기 때문에) 그 목표에 끊임없이 다가가는 하나의 과제이다.

마이너 판 편집자의 주해

1. 이 장면은 라이프니츠의 『국제법적인 계약 및 문서모음』 *Codex Juris Gentium Diplomaticus*, Hannover 1693(서문*Praefatio*, Ⅲ, n. p.) 에 대한 그의 들어가는 말에서의 표현에 연원한다1). 그것은 1712년 6월 4일자의 그리 마레스트Grimarest에게 보내는 편지에서 쌩 피에르St. Pierre에 대한 것이 다: "Je me souveniens de la devise d'un cimetiere, avec ce mot: *pax perpetua*; car les morts ne se battent point: mais les vivans son d'une autre humeur; & les plus puissans ne repectent gueres les tribunaux."2) (다음에 따라 인용: *Epistolae ad diversos*, Vol. Ⅲ, 크리스티안 카르톨투스Chr. Kartholtus 편집, Leipzig 1738, 324-330쪽, 여기에는: 327쪽.)

● ● ●

1) "Itaque elegans nurator in Batavis cum more gentis signum pro domo suspendiddet, *pacis perpetuae*, pulchro titulo figuram *coemeteru subjecerat.*"
2) "나는 어떤 한 교회뜰묘지의 문 위의 한 표제를 기억하는데, 그 표제는 다음과 같이 쎄어 있었습니다: **영원한 평화.** 왜냐하면 죽은 자들은 더 이상 싸우지 않기 때문입니다만, 그러나 산 자들은 다른 사정 속에 있고, 그들 중 가장 강력한 자들은 법정들의 판결들에 어떠한 경의도 표하지 않습니다."

베르나르 르 보비에 드 폰테넬Bernard Le Bovier de Fontenelle은 그가 1716년 파리 학술원Acadèmie des Sciences에서 강연한 「라이프니츠에 대한 찬사」*Eloge de Leibniz*에서 이 구절을 다음과 같은 식으로 기억하고 있다: "그[라이프니츠]는 동일한 민족들Nationen 사이의 아주 수많은 그리고 아주 자주 갱신된 평화조약들이 이들에게는 치욕이 되었다고 고백하고, 온통 고통으로 그는 한 홀란드 상인의 상점 간판에 찬성한다고 하면서, 그 상인은 **영원한 평화를 위하여**라는 표제를 선택하였었고, 그림으로는 한 묘지Friedhof를 그려 놓았었다고 설명한다." (독일어 번역: 「라이프니츠에 대한 찬사」*Laudatio auf Leibniz*에 따라 인용 in:『세계의 사람들과 학자들을 위한 철학적으로 새로운 사건들』*Philosophische Neuigkeiten für Leute von Welt und die Gelehrte*. 선집*Ausgewählte Schriften*, Leipzig 1989, 289-325쪽, 여기에는: 294쪽.)

2. 설명을 위하여 XXIII[베를린 학술원판 칸트전집 23권] 155쪽, 17-19행 비교: "형이상학자들, 즉 그들의 성급한 희망 속에서 세계를 개선하기 위하여 언제나 열 개의 케겔Kegel을 쓰러뜨리는(즉 불가능한 것을 행하는) 형이상학자들은 어깨를 치켜 올려 으쓱함Achselzucken[모를 때나 무관심을 표현하는 몸짓]으로 평가된다*Harringtons Oceana*[제임스 해링톤James Harrinton (1611-1677)의 *The Commonwealth of Oceana*, 1656]."

3. "구제하는 유보". 구제적 약관들 또는 유보조건들은 중세 말 이후의 학술적인 논문들과 법률텍스트들 속에서 발견된다. 그렇게 대략 후고 그로티우스는 그가 1625년에 처음으로 출판한 작품『전쟁과 평화의 법에 관하여』*De jure belli ac pacis*의 머리말을 다음과 같은 말로 끝맺는다: "결론적으로 기독교 교회의 시각에 맞서 말하고 있다고 한다면, 말하지 않은 것으로 여겨질 것이다." (Klenner 1988: 510쪽 비교)

4. 영국 민족을 의미한다. (『속설에 대하여』*Über den Gemeinspruch* [학술원판] VIII권 311쪽과 VIII권 28쪽 비교)

5. 폴란드를 의미한다. 칸트에 따르면 폴란드가 무법칙성[무정부 상태] 때문

에 일어난 거대한 해악들로 맨 처음에는 나라의 첫 번째와 두 번째 분단 (1772년과 1793년)이 거론되었다. 결국 1795년에 삼분열강들(프로이센, 오스트리아 그리고 러시아)의 섭정은 그 절정에 도달했고 나라의 세 번째 (그리고 전적인) 분단으로 이끌었다. 제5예비조항은 이러한 실제를 평결하는 것이고 따라서 하나의 가장 현행적인 주제에 대해 입장을 취하는 것이다.

6. Sueton, 『황제의 생애에 관하여』*De Vita Caesarum*, lib. II, 아우구스투스 황제Divus Augustus 87쪽, 1행: "그[아우구스투스 황제]가 일상적으로 쓰는 말에서 어떤 표현들을 더 빈번하게 그리고 눈에 띄는 방식으로 사용했었다는 것은 그의 손으로 쓴 편지들이 보여주는데, 그 편지들 속에서 그는 누군가가 결코 그 자신의 부채를 지불하지 않을 것이라는 사실을 암시하고자 할 때 언제나 거듭해서 말하는데, 그는 그 부채를 그리스의 삭일에 지불할 것이라고 말이다." (D. Schmitz의 번역, Stuttgart 1988에 따라 인용.)— 그리스인들은 달의 첫째 날을 "*calendae*"라는 말로 일컫는 로마인들과 반대로 이 날에 대한 상응하는 어떠한 표현도 알지 못했다.

7. 정치가이면서 철학자인 요세프 니콜라우스 빈디쉬-그래츠 백작Josef Nikolaus Graf von Windisch-Graetz(1744-1802)은 1785년에 공공에 현상물음을 제시하는데, 그 물음은 어떻게 장래에 자산변동들에 대한 법[권리]적 싸움이 발생하는 것이 불가능하도록 이중적으로 해석할 수 없는 계약정식들이 기획될 수 있는가이다. 이 물음의 답변에 대해 그는 파리, 에딘버러 그리고 독일 학술원으로부터 승인되었었다는 1,000 내지 500두카트Dukaten를 상금으로 내걸었다. (당연히) 어떠한 해결도 접수되지 않았었기 때문에 물론 상은 전혀 수여되지 않았다. 프리드리히 하인리히 야코비Friedrich Heinrich Jacobi의 중개를 통하여 칸트가 빈디쉬-그래츠의 몇몇 책들을 받았으며, 그[야코비]에게 빈디쉬-그래츠는 1789년 8월 30일에 다음과 같이 편지를 쓴다. "나는 이 신사에게 때때로 나의 진심어린 감사를, 그러나 동시에 또한 하나의 세계시민이라는 가장 고귀한 사유방식과

관련하여 철학자로서의 그의 재능에 대한 가장 위대한 존경을 확신하기를 간청합니다." (XI권 75-77쪽, 여기에는: 75쪽; 또한 XI권 102쪽과 XXIII권 157-158쪽도 비교) 작은 감사표시로서 칸트는 그 저자에게 바로 인쇄된 『판단력비판』 한 본을 부쳐주었다(XI권 145쪽을 보시오).

8. 이 발언은 프리드리히 II세의 저술들에서 반복적으로 발견되는데, 맨 처음으로 그의 *Antimachiavel ou Essai de critque sur 'Le Prince' de Machiavel, publié par M. de Voltaire*(1740)에서. 독일어 번역은 1741년에 『반-마키아벨리 또는 마키아벨리의 규칙들에 대한 검토, 한 군주[제후]의 통치기술에 관하여』라는 제목으로 출간되었다. 제1장에서 이르기를, "주권자는 그 자신의 최고주권 하에 처해 있는 백성들Völker의 주인인 것과는 멀리 떨어진 그 자체 제1의 하인 외에 다른 아무것도 아니다." ("…… que le souverain, bien loin d'être le maître absolu des peuples qui sont sous sa domination, n'en est en lui-même que le premier domestique.")

9. 스위스 사람인 자끄 말레 뒤 팡Jacque Mallet du Pan(1749-1800)은 *Mercure de France*의 편집자이고 프랑스 혁명의 반대자로서, 그의 『프랑스 혁명의 본성에 대한 고찰』*Considérations sur la nature de la Revolution de France* (……), Bruxelles 1793에서 여기 칸트에 의해 인용된 격언에 대해 이름으로는 언급되지 않은 알렉산더 포프Alexander Pope를 칭찬한다. 칸트는 1794년 베를린에서 출간된 독일어로 된 번역(『프랑스 혁명과 그 지속의 원인들에 대하여』*Über die französische Revolution und die Ursachen ihrer Dauer.* 프리드리히 겐츠에 의해 머리말과 각주를 더해 번역됨)을 갖고 있었다(XII권 47쪽과 420쪽 비교). 말레는 포프-인용을 다음의 설명들에 이어서 한다: "사람들은 그 혁명이 이러한 믿음들을 흔들리게 하지 못했다는 것을 쉽게 떠올릴 수 있다. 그리고 그 혁명이 우리에게 부패한 인민들Völker이 폭군[전제군주]보다 수천 배나 더 나쁘다는 것을 계시하였기 때문에, 나는 그들의 잔인함의 끔찍한 기념비에 15년 전부터 나를 이끌었던, 그리고 한 영국 시인이 우리에게 두 줄의 시구로 읊조렸던 하나의 준칙을

묻을 것이다: 'For forms ……'" (205f). 1794년에 계속해서 독일어로 된 판본들이 비엔나와 라이프치히에서 출간되었다.― 포프-인용은 *Essay on Man*[포프의 시]에서 취해졌다.

10. 스위프트의 『통에 관한 이야기』(*A Tale of Tub*, 1704)에서 지혜에 관하여 이야기한다: "결국 지혜는 또한 하나의 호두이기도 하다. 만일 호두가 약간의 세심함으로 골라내지지 않는다면, 호두는 어쩌면 치아 하나를 잃게 하고, 그런 다음에는 상으로 하나의 벌레를 제공할지도 모른다." (『풍자적이고 진지한 저술들』*Satyrische und ernsthafte Schriften*, 3권, Hamburg und Leipzig 1758, 73쪽 (제1절: 들어가는 말)에 따라 인용).

11. 티투스 플라비우스 베스파시아누스 Titus Flavius Vespasianus(39-81), 로마제국 황제(79-81). 마르쿠스 아우렐리우스 안토니우스Marcus Aurelius Antonius(121-181), 로마제국 황제(161-181)이면서 스토아 철학자, 『자기성찰』*Selbstbetrachtungen*의 저자. 티투스 플라비우스 도미티안Titus Flavius Domitian(51-96), 티투스의 동생이자 그의 후계자로서 로마제국 황제의 권좌(81-96)에 있었다. 루키우스 아우렐리우스 코모두스Lucius Aurelius Commodus(161-192) 마르쿠스 아우렐리우스의 아들이자 그의 후계자 (180-192). 도미티안과 코모두스는 그들 각각의 전임자들과 반대로 군주 정체적이고 전제 군주적 지배자로서 역사 속에 기록되어 있다.

12. 이것을 위하여 1793년 6월치 <베를린 월보>*Berlinischen Monatsschrift*에서의 비스터Biester의 논설 비교, 제목하여: "국가헌정체제에 대한 그리스인들의 생각들에 관한 몇몇 소식들". 그 논설에서 이르기를: "지금까지 전개된 사정의 본래적인 원인은 그들[그리스인들]이 **대의제***Repräsentationssystem*를 알지 못했다는 점에 놓여 있었다. 흄은 그 대의제를 바로 근대*neuerer Zeiten*의 발명이라 일컫는데, 그것에 대해 고대인들은 아무것도 몰랐다. 그런데 루소는 더욱 더 올바로 보여준다(주: '사회계약'Contrat Social, liv. 3, ch.15): 고대인들은 그것에 대해 아무것도 알려고 하지 않았다는 것이다;" (다음에 따라 인용: 페터 베버Peter Weber(편집자), <베를린 월보

……>, Leipzig 1985, 281쪽. 이것에 대해 "사전작업 목록"Verzeichnis der Vorarbeiten 절에서의 '떨어진 낱장'Losen Blatt F12에 대한 편집자의 진술, 132f쪽 비교.)

13. 이것을 위하여 레만Lehmann의 안내 (XXⅢ권 526쪽) 비교: "불가리아 학술원의 통지에 따르면 이 일화는 짜르인 미카엘 쉬쉬만Michael Schischman (1322-1330)의 격언에 관한 것이다. 칸트에게서의 그 원천은 발견되지 않았다".

14. 후고 그로티우스(1583-1645), 네덜란드의 법 철학자, 『전쟁과 평화의 법에 관하여』De Jure belli et pacis(Paris 1625)의 저자. 사무엘 폰 푸펜도르프Samuel von Pufendorf(1632-1694), 법 철학자와 역사기술가, 『자연법과 국제법에 관하여』De jure naturae et gentium(Lund 1672)의 저자. 엠머리히 드 바텔Emmerich de Vattel(1714-1767), 스위스의 법률가이자 선제후-작센국의 외교관으로『라이프니츠의 체계에 대한 방어』Défense du Système Leibnitien(Leyden 1741)와 『국제법』Le droit des gens(Leyden 1758)을 기술하였다.

15. 플루타르크Plutarch에 따르면 (로마제국의 집정관이자 독재자인 마르쿠스 푸리우스 카밀루스의 전기, ⅩⅦ, 4) 세논Senon계의 갈리아 제후 브렌누스Brennus가 에트루리엔Etrurien[이탈리아 중북부지방의 옛 명칭]의 도시 클루시움Clusium의 포위에 관하여 앞서 말했던 로마제국의 사절들에 대해 말하길, "모든 법칙들 중에 가장 오래된 법칙은 더 강한 자에게 더 약한 자의 재화를 주는 것으로서 신에서 시작하여 동물에서 끝나는 것이다. 왜냐하면 그들의 본성 속에도 더 강한 자가 더 약한 자보다 더 많이 가지려는 욕구가 있기 때문이다." (K. Ziegler의 번역, Zürich und Stuttgart 1954에 따라 인용.) Refl. 1501, [학술원판] ⅩⅤ권 791쪽 비교.

16. Vergil [Publius Vergilius Maro, 후기고대의 표기방식에 따르면 Publius Virgilius Maro 또는 Virgil(기원전 70-19), 호라즈Horaz와 더불어 아우구스투스 황제 시대의 로마시인], Aeneïs Ⅰ, 294-296.

17. 그들의 해적행위와 노예매매를 염려한 북아프리카의 군집생활에 대해 16세기 이래로 통용되는 명칭.

18. 아우구스티누스주의자 안토니오 아고스티노 기오르기Antonio Agostino Giorgi (게오르기우스Georgius) (1711-1797)는 1762년에 *Alphabetum Tibetanum missionum apostolicarum commodo editum* (……), Rom, 1762을 출판하였다(재인쇄: Köln 1987, 루돌프 카쉐브스키Rudolf Kaschewski의 안내 말을 포함하여). 제1부에서 게오르기우스는 티베트의 선교사들에게 중요한 어원학적이며 문화사적이고 주제분류학적인 진술들을 한다; 제2부는 본래의 자모를 포함한다[학술원판 칸트전집 VI 108쪽 주해와 IX 232쪽 비교].

19. 에쓸링엔Esslingen에서 태어난 역사가이자 고대연구가 요한 에버하르트 피셔Johann Eberhard Fischer(1697-1771)는 1733-1743년에 제2차 캄차카-탐사에 참여하였다. 그는 역사학 교수로서 페테르스부르크Petersburg에서 사망하였다. A. L. 슐뢰저Schloezer에 의해 출판된 그의 *Quaestiones Petropolitanae* ……(Göttingen und Gotha 1770)의 제3절은 다음과 같이 제목하고 있다: "de variis nominibus imperii Shinarum, titulisque Imperatorum Exercitatio" (79-96). 거기서 중국의 자기호칭에 대해 이르기를: "Si quaeras, quanam propria hoc Imperium apellatione insigniatur: respondo, nulla." (§ 2, 81) 그것은 중국에 대한 상이한 명칭들에 대한 시행들에 연관된다.

20. 서기 500년경 알렉산드리아의 그리스 문법학자; 희귀 낱말들과 낱말형태 사전의 저자.

21. 이미 1779년에 요한 게오르그 하만Johann Georg Hamann은 같은 제목의 한 저술을 출판하였다(*Konxompax*. 『종말론적 밀교에 대한 한 사이비 여자 예언자의 단편들』*Fragmente einer apokryphischen Sibylle über apokalyptische Mysterien*, Weimar; in: 전집 III권, J. Nadler 편집, Wien 1951, 215-228쪽). 이 저술에 대한 E. Jansen Schoonhaben의 설명들은 다음에서 발견된다: Blanke, F./Gründer, K. (편집자): 『요한 게오르그 하만의 주요저술이 설명한다』*Johann Georg Hamanns Hauptschriften erklärt*, 5권, Gütersloh 1962,

165-262쪽. 칸트와 하만은 이 낱말의 해석에 대해 논쟁하였다. 1783년 4월 18일자의 헤르더Herder에게 보내는 편지에서 하만은 다음과 같이 쓰고 있다: "그[칸트]는 나에게 오랜 기우 때문에, *Konxompax*란 낱말을 티베트 어에서 그 유래를 찾는, 그에게는 전혀 새롭게 부딪친 기발한 생각 때문에 장문의 쪽지를 썼습니다." (다음에 따라 인용:『서신교환』*Briefwechsel*, 5권, A. Henkel 편집, Frankfurt/Main 1965, 35-38쪽) 1793년 8월 16일자의 니콜로 비우스Nicolovius에게 보내는 칸트의 편지도 비교: "Konciompax에 대한 질문은 하나의 단순한 착상이었고 옆에 제쳐 두어도 좋습니다." (XI권 439-440쪽, 여기에는 440쪽).

22. 저술 *Voyage du jeune Anacharsis en Grèce dans le milieu du quatrième siècle avant l'ère vulgaire*, Paris 1788에서 고고학자 아베 장 자끄 바르텔레 미Abbé Jean Jacque Barthélemy는 고대 그리스인들의 전 생애를 기술하고 있다. 칸트는 독일어 번역에 따라 인용하는데, 그는 1793년 9월에 그 번역 의 초판본들을 그의 베를린 출판가 드 라 가르드de la Garde를 통하여 받았다 (XI권 454쪽; XI권 530쪽 비교):『기원전 4 세기 젊은 아나카르시스 의 그리스 일주 여행』*Reise des jungen Anacharsis durch Griechenland vier- hundert Jahr vor gewöhnlichen Zeitrechnung*. 원본의 제2판에 따라 사서司書 (Johann Erich) Biester 씨에 의해 번역. 전 7권. Berlin und Libau 1789-1793.

23. 베를린에서 사망한 프랑스 베네딕트 수도회 출신의 Mathurin Veyssière de Lacroze (1661-1739).

24. 선교사 신부 프란시스쿠스 호라티우스Franciscus Horatius (Francisco Orazio della Penna)는 1735년부터 1747년까지 Lhasa에서 살았다.

25. 루크레츠Lukrez,『자연의 사물들에 대하여』*De rerum natura* V, 234.

26. 이 (아우구스티누스에게선 추적되지 않는, VIII권 509쪽) 인용은 확실히 세네카Seneca에 연원한다 (*Dialogi* I, *de provid*. V, 8: "semper paret, semel iussit" (Refl. 5551b, XVIII권 217쪽; XXIII권 109쪽, 19-20행과 524쪽 비교). 라이프니츠는 그의『신정론』*Théodicée*의 부록 (I § 8)에서 세네카–인용

을 수용하여 그것을 비판에 이용한다.

27. Vergil, *Eclogen*, Ⅷ, 27

28. 오늘날 셀쿠프인들Selkupen, 서시베리아 민족.

29. 사르마트인들 또는 사우로마트인들은 헤로도토스가 그의 『역사들』 *Historien*(제Ⅳ권)에서 일컫는 것처럼 남러시아의 스텝Steppe에 사는 페르 시아 유목민족이었다.

30. 포이어란드의 원주민.

31. 쉬무엘 삼부르스키Shmuel Sambursky[3])에 따르면 이 인용은 아마도 요하 네스 슈토베우스Johannes Stobaeus(기원전 5세기)의 *Florilegium* 안에 적어 놓은 소크라테스주의자 안티스테네스Antisthenes(기원후 4세기)의 격언 에 연원한다(Ⅵ권, 34쪽의 주해 및 XXⅢ권 526쪽의 해명Erläuterungen도 비교).

32. 세네카Seneca, 『도덕에 대한 편지들』*Epistuale moralis* ⅩⅧ, 4.

33. 괴팅엔의 철학 사강사Privatdozent (나중에는 교수) 프리드리히 부터벡 Friedrich Bouterwek(1766-1828)은 거듭해서 시인으로서도 시도하였다. 그 와 동시대를 살았던 칸트는 1793년 5월 7일자의 한 편지에서 "기쁘면서 정신의 깊이가 있는 기분, 이것을 통하여 당신의 시들이 자주 나를 만족시 킵니다"라고 칭찬한다. (Ⅺ권 431-432; XⅢ권 345쪽 비교) 이 편지에서 부터벡이 칸트에게 한 계획을 보냈었으며, 그 계획에 따르면 그가 괴팅엔 에서 『순수이성비판』에 대한 강의Vorlesungen를 하고자 한다는 것을 추측 할 수 있다. 아마도 칸트는 다른 곳에선 발견되지 않은 부터벡의 계획의 구절을 추측할 수 있었을 것이다.

34. 리비우스Livius(『도시 설립에 관하여』*Ab urbe condita*, Ⅴ 48쪽, 9행) 에 따르면 브렌누스는 기원전 390년경 갈리아에서의 철수를 위하여 로마인

• • •

3) 「칸트에게서 조회되지 않는 인용의 근원을 위하여」"Zum Ursprung eines nicht nach-gewiesenen Zitates bei Kant", In: Archiv für Geschichte der Philosophie 59, 1977, 280.

들이 지불해야만 했던 합의금을 저울질 할 때 잘못된 무게를 이용하였고 이에 관한 불평에 대해 추가적으로 그의 검을 저울접시에 올려놓았는데, 그때 그는 모욕적으로 "Vae victis!"("패자에게 화 있을진저!")라고 외쳤다. 이것을 위하여 또한 위의 책(L쪽)에서 인용된 1794년 4월 10일자의 비스터 Biester에게 보내는 칸트의 이어지는 편지도 비교, 이 편지에서 그는『**속설에 대하여**』*Über den Gemeinspruch*에 대한 레베르크Rehberg의 논문에 대해 <메를린 월보>에서 다음과 같이 말한다. "레베르크 씨는 본래적인 **법률가** *Juristen*(이 사람은 이성근거들의 접시라는 정의의 저울에 검도 올려놓는다)를 **법 철학자**와 하나로 만들려 하는데, 그렇다면 거기에는 아주 찬양되는, 이론에 충분함을 위하여 (앞으로 나오지만 본래는 이론에서 저 실천의 자리를 대표하기 위하여) 아주 필연적인 저 실천이 실천방법들에서는 일어나지 않는다는 것이 없을 수 없다." (XI권 497-498쪽, 여기에는: 497쪽; 115쪽과 125쪽도 비교)

35. 중세적인 전통(페트루스 다미아니Petrus Damiani, 토마스 아퀴나스)에서 유래하는 신학의 시녀(ancilla theologiae)로서 철학의 이 장면은 칸트에 의해서 또 다시『학부들의 싸움』*Streit der Fakultäten*(VI권 28쪽)에서 차용된다(XXIII권 127쪽도 비교). 철학이 치맛자락을 신학의 앞에서 들고 가는 것은 아닌지 의심스럽다는 생각을 칸트는 크리스티안 볼프에게서 발견하였다. 이것을 위하여 한스 에리히 뵈데커Hans Erich Bödeker 비교:「신학의 시녀로부터 인도학문Leitwissenschaft으로. 18세기 철학사를 위한 예비숙고Vorüberlegungen zu einer Geschichte der Philosophie des 18. Jahrhunderts.」 In:『18세기』*Das Achtzehnte Jahrhundert* 14, 1990, 19-57쪽 (여기에는: 32쪽) 그리고 랄프 젤바흐Ralf Selbach:「지금까지 주의되지 않은『학부들의 싸움』의 한 전거」In: Kant-Studien 82, 1991, 96-101쪽.

36. 마태복음 10장 16절의 인용: "보라, 내가 늑대들 가운데 양 같은 너희에게 보낸다. 그 때문에 뱀처럼 영리하고 비둘기처럼 거짓 없어라."

37. 분명 칸트의 작문『속설에 대하여』에 대한 겐츠Gentz와 레베르크의 비판

에 대한 하나의 빗대기임.

38. 에라스무스 폰 로테르담Erasmus von Rotterdam(1446-1536)의 생각들을 통하여 영향 받은 독일의 황제 페르디난드 1세Ferdinand Ⅰ. (1503-1564)의 소위 좌우명.

39. Vergil, *Aenësis* Ⅵ, 95.

40. 예수회에 의해 발전된 한 이론인데, 그것에 따르면 어떤 한 반대의 진리가 보다 더 개연적이라면, 개연적으로 옳은 한 견해에 따르는 것이 도덕적으로 정당화된다는 것이다. Ⅵ권 186쪽 (종교저술) 비교, 이곳에서 개연론은 원칙으로서 일컬어지는데, 그것에 따르면 "하나의 행위가 족히 정당할 수 있다는 한낱 하나의 견해는 그 행위를 기도하기에 이미 충분하다."

41. 크리스티안 가르베Christian Garve, 「정치와 도덕의 결합에 대한 논문, 또는 국가들의 통치에 있어서 사생활의 도덕을 감찰하는 것이 어느 정도까지 가능한지의 물음에 대한 몇몇 고찰들」, *Abhandlung über die Verbindung der Moral mit der Politik, oder einige Betrachtungen über die Frage, in wiefern es möglich sey, die Moral des Privatlebens bey der Regierung der Staaten zu beobachten*, Breslau 1788 (재인쇄 in: 모음집*Gesammelte Schriften*, 2. Abt., 6권, Hidesheim u. a. 1987). 가르베는 다음과 같은 고백과 함께 그의 논문을 시작한다: "이 물음에 대한 충분한 대답은 나의 지평을 넘어선다. 내가 그 물음에 몰두하면 할수록: 나는 모든 면에서 점점 더 많은 어려움들을 보게 된다." (3쪽)

옮긴이 후기

이 저작은 국가들 간의 평화라는 정치의 핵심물음(?)에 대해 칸트가 자신의 비판철학의 범위 내에 있는 도덕철학의 원칙들을 평화조약의 형식으로 적용한 것이다. 평화는 자연 상태가 아니며, 자연 상태는 곧 전쟁이다. 칸트는 평화를 위해 그 자연 상태가 보편타당한 법체계 하에 질서 지어져야 하고, 동시에 평화의 보장을 위하여 전쟁을 통하여 평화를 가져오는 자연의 목적성, 자연의 목적론적 필연성, 자연의 기제와 섭리를 이용해야 한다고 한다. 이러한 자연은 『순수이성비판』의 기계론적인 자연과는 다른 『판단력비판』에 등장하는 제2의 자연, 기술자Künstlerin로서의 자연인데, 여기에 바로 칸트의 목적론적 역사관이 있다. 그래서 이 저작은 그 내용에서 볼 때, 정치철학과 법철학으로, 그리고 또한 역사철학으로도 읽혀질 수 있다.

그런데 이 저작에 대한 평가들은 그다지 긍정적이지만은 않다.

한나 아렌트에 따르면, 독자들은 쇼펜하우어가 "이 책은 이 위대한 사람의 저술이 아니라 단지 보통의 평범한 사람의 작품인 것 같다"고 한 말에 동의할 것이라고 하며, 법철학 일반에 대해 연구하고자 한다면 칸트가 아니라 푸펜도르프나 그로티우스, 또는 몽테스키외로 시선을 돌리는 편이 나을 것이고, 역사에 대한 연구를 하려면 비코나 헤겔과 마르크스에게로 가야 할 것이라고 한다. 그리고 아렌트가 보기에, 이 저작을 비롯하여 칸트에게서 일반적으로 법철학, 정치철학, 역사철학으로 읽힐 수 있는 작품들은 대부분 비판철학 이후의 저술들, 말하자면 칸트의 만년의 저술들이라는 점에서, 대부분의 비평적 논조들은 만년의 칸트가 고령성 지능저하로 말미암아 정신능력의 감퇴를 경험했다는 사실을 지적한다는 것이다. 그렇지만 아렌트는 자신이 보기에도 전적으로 부당하지만은 않은 이러한 견해에 대해, 정치철학적인 주제와 관련하여, 생이 얼마 남지 않았던 늙은 철학자를 다음과 같이 변호한다. "만일 칸트의 작품을 잘 알고 또 그의 전기傳記적 상황을 고려하는 사람이 있다면 위의 논리를 오히려 반대로 뒤집어서, 칸트는 사회적인 것과 구별되는 정치적인 것을 세계에 속한 인간의 한 조건이자 멍에로서 의식하였으나 이를 의식하게 된 때는 그의 말년이었다는 것과, 이때는 그가 이런 특정문제에 대해 자신의 철학을 형성할 힘과 시간을 더 이상 갖지 못했다는 것을 알 것이다."[1] 이렇게 하여 아렌트는 칸트가 정치철학이란 제목으로는 한 번도 쓰지 않았던 칸트의 정치철학은 다른 곳이 아닌 바로 『판단력 비판』에서 다루어지고 있다고 주장하는 것이다.

• • •

[1] 한나 아렌트/김선욱 옮김, 『칸트 정치철학 강의』, 푸른숲, 2002. 38쪽. 이 인용에 이르는 앞의 아렌트의 견해는 같은 책 36쪽 참조.

그렇다. 아렌트가 말하는 정치철학은 정치적인 것이 무엇인지를, 정치의 본질적인 요소 또는 원리를 다루는 것이다. 『판단력 비판』이 바로 정치의 그 본질적인 요소, 즉 특수자, 특수자에 대한 주체의 판단기능과 판단력의 개념, 이러한 기능의 작용조건으로서의 사교성Geselligkeit, 즉 복수적 주체성 등등을 그 주제로 삼고 있다는 것이다. 이러한 견지에서 나는 아렌트에게 전적으로 동의한다. 더 나아가 동일한 맥락에서 칸트 스스로는 정치철학과 마찬가지로 법철학과 역사철학이라는 이름으로 쓰지 않았던 그의 법철학과 역사철학도 그 원리의 측면에서 비판철학이 이미 다루었다고 간주해야 할 것이다. 말하자면 법철학은 『순수이성비판』2)과 그 역비판으로서의 『실천이성비판』에서, 역사철학은 『판단력비판』 제2부에서 각각 법적인 것이 무엇인지, 역사적인 것이 무엇인지를, 즉 그 본질과 원리를 보여주고 있다. 철학이 사물과 현상들을 단순히 기술하는 것이 아니라, 그것들의 원리를 밝히는 것이라 한다면 말이다.

그렇다면 이 저작은 철저하게 정치에 대한, 그리고 법에 대한 철학적 적용의 문제, 즉 실천적 이론의 문제로서 응용철학 내지는 철학의 응용이었다. 칸트는 『순수이성비판』 A판 머리말에서 다음과 같이 과감한 발언을 내어놓길 서슴지 않는다: 비판 작업은 "결코 대중적인 사용에 적합하게 될 수 없을 것이고, 학문의 본래적인 전문가는 [구체적인 사례들이나 다른 해명들을 통한 직관적 (감성적)

● ● ●

2) 순수이성비판을 법철학으로 읽어내는 대표적인 사람은 이시카와 후미야스(Fumiyasu Ishikawa, Kants Denken von einem Dritten: Das Gerichtshof-Modell und das unendliche Urteil in der Antinomienlehre, Frankfurt/Bern/New York/Paris, 1990)이며, 이러한 견해에 라인하르트 브란트(Reinhard Brandt, Die Bestimmung des Menschen bei Kant, Hamburg, 2007)도 동의한다.

분명성으로] 쉽게 하는 것을 그다지 필요로 하지 않는다. 쉽게 하는 것은 언제나 기분 좋은 일이기는 하지만, 여기서는 오히려 목적에 어긋나는 어떤 무엇을 초래할 수 있을 것이다." 반면에 형이상학[철학]의 예비학으로서, 즉 철학의 철학으로서 『비판』을 통한 순수한 이성의 체계로서 형이상학의 완성, 즉 "순수 이성을 통한 모든 소유들의 재산목록을 체계적으로 정리한 것"을 통하여 "후세 사람들에게는 모든 것을 교수법상 그들의 의도들에 따라 배치하는 것 외에 아무것도 남아 있지 않으며, 그 내용을 조금이라도 더 증가시킬 필요 없다"고 한다. 다만 "『비판』에서 체계를 위한 원리들이 제아무리 완벽하게 개진되었다 해도, 체계 자체의 면밀성을 위해서는 파생개념들도 결여되어서는 안 된다. 그러나 이 파생개념들은 선험적으로는 그 전모를 알 수가 없으며, 하나하나 찾아내야만 한다. [……] 그러나 그런 일은 모두가 쉬운 것이고 노동보다는 오락이 더 많다"[3] 라고 한다.

그래서 이 저작을 비롯하여 소위 위대한 철학자를 기대한 독자들이 못마땅하게 여기는 말년의 저작들의 평이함은 이러한 점에서 비롯되는바, 칸트 자신이 이 저작에 '하나의 철학적 기획'이라고 부제를 단 것도 이러한 연유에 있다고 할 수 있을 것이다. 즉 이 저작이 국가들 간의 평화를 비로소 가능하게 하는 이성법적인 조건들을 이성계약으로 간주될 수 있는 국제법적인 평화조약의 형식으

● ● ●

3) KrV, A XVIII, XX-XXI, 칸트/백종현 옮김, 『순수이성비판』, 아카넷, 2007, 172-175쪽 참조. 번역 일부 수정. 그리고 여기서 비판은 단순히 제1판만을 의미하기보다는 [비판철학의 의미에서] 이성비판 일반을 의미해야 할 것이다. 왜냐하면 칸트는 『판단력비판』의 들어가는 말에서 『판단력비판』도 순수한 이성의 비판에 속하는 것이라고 말하고 있기 때문이다.

로 해명, 즉 그 조건에 따르는 파생개념들을 분석하고 설명하는 방식으로 제시하고 있기 때문이다. 이러한 작업은 칸트에게 있어서는 순수 이성의 체계의 원리와 원칙에 모순되거나 위배되지 않는 한, 그의 말대로 엄밀하고 힘겨운 연역적 증명과 같은 사고력의 노동보다는 오락처럼 즐거운 적용과 배치의 일인 셈이다. 그래서 이 작업은 학문에 정통한 전문가에게는 '평범한 사람의 작품'이나 '정신능력의 감퇴'로 비춰질 수 있을 것이고, 일반 대중들에게는 '기분 좋은 일'이고, 어렵지 않게 읽고 함께 대화할 수 있는 내용의 글일 수 있다.

말년의 칸트를 탐탁지 않게 여기는 입장들과 반대로 오히려 노년의 칸트를, 무엇보다도 이 저작을 적극적으로 수용하는 성실한 칸트주의자가 있다. 가라타니 고진이다. 그는 그의 『세계공화국으로』에서 "국제연합(UN)이 칸트의 '국제연맹'Völkerbund 구상에 기초한 것은 확실하지만, 그는 딱히 그런 것을 목표로 삼았던 것은 아니었습니다. 그가 그것을 제기한 것은 현실주의적 타협안에 지나지 않습니다."[4]라고 하면서 칸트가 목표하고 있는 것은 '세계공화국'임을 주장하기 위해 다음의 인용문을 전거로 제시하고 있다:

"서로 관계하고 있는 국가들에 있어서는 이성에 따라 그들이 바로 개별적인 인간들처럼 그들의 야생의 (무법칙적인) 자유를 포기하여, 공공의 강제법칙들에 대해 익숙해지고, 그래서 하나의 (물론 계속해서 성장하는) **국제국가**Völkerstaat(*civitatis gentium*), 즉 종국에는 지상의 모든 민족들을 포괄하게 될 국제국가를 형성하는 것 외에는 전쟁

●　●　●

4) 가라타니 고진/조영일 옮김, 『세계공화국으로』, 도서출판 b, 2007. 222-223쪽.

이 포함하고 있는 순전히 무법칙적인 상태로부터 헤어날 어떠한 다른 방법도 있을 수 없다. 그러나 그들이 이러한 것을 국제법에 대한 그들의 이념에 따라서는 전연 원하지 않기 때문에, 따라서 **명제적으로**in thesi 옳은 것을 **현시적으로는**in hypothesi 폐기하기 때문에 **하나의 세계공화국**eine Weltrepublik이라는 적극적 이념 대신에 (만약 모든 것을 잃고 싶지 않다면) 전쟁을 막으며 존속하는 그리고 계속해서 확장되는 **연맹**이라는 **소극적** 대용물만이 법을 회피하는 적대적인 경향성, 더군다나 지속적인 그 분출의 위험을 가진 경향성의 조류를 저지할 수 있다."5)

여기 이 인용문상으로는 칸트가 분명히 국제국가로서 하나의 세계공화국을 노리고 있는 것으로 보이는 반면에, 국제연맹은 하나의 소극적인 대용물이며, 어쩔 수 없이 그 대용물을 취할 수밖에 없는 것처럼 보인다. 그러나 이러한 전거는 고진 자신의 주장을 위한 취사선택일 뿐이라고 말해도 될 것이다. 왜냐하면 국제국가로서 세계공화국은 국제법의 이념에 모순되기 때문에 칸트 스스로는 영원한 평화를 위한 모델에서 배제시키기 때문이다. 즉 칸트에게서 국가들 간의 영원한 평화를 위하여서는 그것이 비록 불완전하다 할지라도 국제연맹이 유일한 대안이지, 결코 현실적인 타협안이 아니다. 왜 국제국가가, 다시 말해 세계공화국이 적극적 이념임에도 불구하고 배제될 수밖에 없는지 그리고 국제국가가 내포하고 있는 위험이 어떤 것인지는 위의 인용문의 전후 맥락을 본다면 더욱 더 분명해질 것이다.

● ● ●

5) 이 인용문은 본 번역서의 인용이다. 본서 35-36쪽.

이 책의 내용을 요약하는 일은 그럴 만큼 분량이 많지 않기 때문에 불필요하다. 단지 여기서는 함께 생각해 볼 수도 있는 문젯거리나 독서에 흥미나 긴장감을 유발할 수 있을지 모르는 몇 가지 꼬투리를 제공하고자 한다.

우선 하나는, 칸트가 영원한 평화를 위한 국가정치체제로서, 자세히 말해서, 통치방식으로는 공화정을 주장하지만, 국가형식 또는 지배형식으로는 민주주의에 대해 거부하는 입장을 취한다는 것이다. 왜 이 위대한 철학자는 양자의 결합가능성을 배제하는가? 그는 소위 말하는 입헌 군주국을 염두에 두고 있는 것으로 보인다. 아렌트 말대로 말년에 정신력이 쇠약해진 늙은 철학자의 노망인가? 문맥상으로 칸트가 기획하고 있는 국가모델은 분명 삼권분립과 대의제의 원리에 기반을 둔 자유 민주주의 공화국이다. 그런데 칸트가 민주주의는 필연적으로 전제주의로 갈 수밖에 없다는 이유로 민주주의 공화국이라는 가능성을 보지 못하는 것은 의아스러운 점이다.

또 하나는 칸트의 국제연맹의 구상과 우리시대의 유엔 또는 유럽연합과의 이론적이고 실천적인 연속성의 문제이다. 칸트가 말한 국제연맹에 기초한 국제연합이 지금 있음에도 불구하고 왜 전쟁은 여전한가? 왜 영원한 평화는 고사하고 한순간의 평화도 이룰 수 없는가? 그야말로 휴전상태일 뿐, 즉 쏘지 않고 있을 뿐 방아쇠에 손가락 걸어놓은 상태, 잠시 총열을 식히고 있을 뿐이다. 그렇게 우리는 요원한 평화 속에 있다. 그렇다면 이 칸트의 이론은 현학자의 공허한 이상일 뿐인가? 아니면 국제연맹이라는 이론적 이념이 오류인가? 아니면 지금 우리 시대 유엔의 정치(실천)의 오류인가? 그야말로 '그것은 이론적으로는 옳을지 모르지만, 실천에 있어서는 쓸모가 없다는 속설'이 딱 들어맞는 경우인가?

칸트는 이 저작보다 2년 앞서 <베를린 월보>에 발표한 작문에서 그 속설에 대하여 자신의 철학적 입장을 밝히고 있다. 바로 위에서 언급한 『속설에 대하여』라는 제목으로 말이다. 나는 지금 거기에 있다.

오진석

찾아보기

(ㄱ)

가르베Garve   84

객관적 실재성   76

게오르기Georgii   38

경향성   14, 35, 46, 47, 49, 50, 53, 68

계약   12, 24, 25, 33, 37, 71, 79, 80, 84, 85

공개성   82

공법   48, 49, 55, 61, 64, 69, 71, 72, 77, 78, 79, 80, 83, 85, 86

공법의 이상   64

공중성   77, 78, 79, 81, 83, 85

공화국   29

공화적   24, 26, 27, 29, 49, 63, 71

공화주의   27, 28

구성[입헌]   25, 27, 30, 63

국[가시]민   13, 24, 26, 63

국[가시]민법   23

국가권력   27, 28

국가권세   52, 56

국가법   40, 48, 62, 66, 70, 77, 78

국가정략   11, 62, 64, 65, 82, 84

국가지혜   64, 71, 74

국가통수권자   7, 63, 79

국가헌정체제   24, 28, 50, 63, 65, 66, 79

국가형식   27, 29

국제관계   63, 64

국제국가   30, 35

국제법   23, 30, 33, 34, 35, 40, 48, 51,

52, 62, 66, 69, 70, 71, 77, 80, 83
국제연맹 30
군주정체 27
궁극목적 41, 60
권력 23, 27, 29, 34, 35, 51, 52, 57,
   60, 61, 62, 63, 65, 66, 68, 69, 71,
   73, 76, 78, 79, 83
권세 11, 15, 29, 33, 49, 51, 52, 56,
   62, 67, 68, 79, 80, 82
권한 17, 18, 24
귀족권력 27
귀족정체 27
금지법칙 17, 19
기계 13, 14, 73

(ㄴ)

노아Noah 46

(ㄷ)

당위 46, 61, 74
대의성 28
대의적 28, 29
대의제 72
도덕 52, 59, 60, 63, 70, 72, 74, 76,
   81, 83, 84, 85
도덕가 63, 64, 69, 70, 72, 75
도덕법칙 46, 62
도덕성 50, 52, 56, 68
도덕적 육성 50
도덕적인 악 74
도미티안Domitian 29
독단적 연역 79

(ㄹ)

라 크로체La Croze 39

(ㅁ)

마르쿠스 아우렐리우스M. Aurelius
   29
무법칙성 15
무정부상태 15, 51, 64
민법 19
민족 12, 14, 15, 16, 23, 24, 27, 31,
   33, 34, 35, 36, 37, 40, 46, 49, 51,
   61, 63, 64, 65, 66, 67, 71, 72, 75,
   83
민주정체 27, 29, 72

(ㅂ)

바텔Vattel 32
방문권 37
법[권리] 30, 32, 35, 51, 73, 77, 86
법 개념 26, 29, 32, 33, 62, 65, 68, 69,
   72, 75
법론 59, 81, 83, 85
법적요구 77
법정 16
부정의 64, 67, 69, 78, 79, 83, 84
부터벡Bouterwek 51
비르길Virgil 36
빈디쉬-그래츠Windisch-grätz 19

(ㅅ)

사법 81, 83

사악함 68
사이비정치 84
사회연맹 34
상업정신 52
선대 36, 37
섬멸전쟁 16
섭리 41, 42, 43, 44, 75
성향 50, 61, 68
세계공화국 35
세계시민법 23, 36, 40, 48, 52, 62, 70, 83
세계왕정체 51
수용된 스캔들 15
스위프트Swift 29
시민사회 27, 61
시민상태 18
신민 13, 24, 25, 26, 31, 55, 67, 78, 80
신정론 75
실천 59, 60, 61, 62, 65, 69, 74
실천가 61, 66
실천방법 65
심중유보 11, 84

(ㅇ)

아우구스투스Augustus 18
아우구스티누스Augustinus 42
연방성 80
연방주의 30, 34
영원한 평화 14, 17, 23, 25, 34, 35, 36, 40, 43, 48, 53, 61, 69, 70, 72, 86

예수회 84
예수회결의법 11
왕정체 29
유보조건 7, 8
의무 25, 33, 48, 53, 59, 60, 70, 72, 73, 75, 85, 86
의무개념 25, 43, 46, 59, 68
의욕함 61, 74
이념 12, 23, 24, 35, 36, 40, 43, 50, 51, 61, 63, 65, 66, 75, 86
이론 44, 59, 60, 61, 62, 68, 73, 74
이율배반 81
인간류 17, 37
인간본성의 사악함 31, 77
인간사랑 36
인간성 13, 25, 31, 48
인간종 37, 38, 41, 48, 75
인격 13, 15, 23, 25, 28, 44, 55, 81
인격체 12, 27, 81
인민 27, 29, 30, 62, 67, 75, 76, 79, 80
인민권력 27, 71
인민의지 25
입법 19, 24, 64, 65
입법 권력 27, 33, 34

(ㅈ)

자연 상태 16, 18, 23, 30, 33, 69, 81
자연법[권] 18, 33, 37, 63
자연의 기계론[기제] 41, 50, 60, 62, 71, 72

자유   18, 24, 28, 31, 33, 34, 35, 45,
    48, 52, 61, 62, 64, 66, 70, 72, 84

전제군주 78

전제적   27, 29, 63, 64, 66

전제주의   27, 30, 51, 52

정의   43, 56, 72, 73, 77

정치   59, 60, 62, 65, 69, 70, 72, 74,
    76, 81, 82, 83, 85

정치가   7, 8, 63, 65, 69, 70, 71

정치인   7, 63

제후[군주]권력   27

종교   44, 51

주권자   81

지배의 형식   27

진보   47, 68, 74, 75, 86

집행권력 27, 28

징벌전쟁 16

(ㅊ)

처세술   60, 69

천사들의 국가   49

철학자   7, 48, 55, 56, 57, 85

체류권[내빈법]   37

초월론적 76, 77, 78, 79, 85, 86

최상의 하인   28

침략전쟁 13

(ㅋ)

코모두스Commodus   29

(ㅌ)

통치   15, 27, 29, 32, 51, 68

통치방식 27, 28, 29, 71

통치의 형식   27

통치형식 28

티투스Titus   29

(ㅍ)

평등   24, 57, 72

평화연맹 33

평화조약 11, 33, 36, 86

포프Pope 29

푸펜도르프Pufendorf   32

프리드리히 2세   28

피셔Fischer   38

(ㅎ)

할 수 있음   61

항구적으로-자유로운 연합   80

행복   36, 86

허가법칙 18, 64

헌정체제 15, 23, 24, 25, 27, 29, 30, 33,
    37, 46, 49, 50, 61, 63, 64, 65, 73,
    80

헤시키우스Hesychius   38

혁명   29, 64

호라티우스Horatius 39

후고 그로티우스Hugo Grotius 32

영원한 평화를 위하여

초판 1쇄 발행 2011년 04월 25일
　　2쇄 발행 2019년 10월 25일

지은이　임마누엘 칸트
옮긴이　오진석
펴낸이　조기조

펴낸곳　도서출판 b
등　록　2003년 2월 24일(제2006-000054호)
주　소　08772 서울시 관악구 난곡로 288 남진빌딩 302호
전　화　02-6293-7070(대) 팩시밀리 02-6293-8080
홈페이지 b-book.co.kr 이메일 bbooks@naver.com

ISBN　978-89-91706-42-2　93160
정　가　10,000원

* 잘못된 책은 교환해 드립니다.